ちくま新書

ミシェル・フーコー
——近代を裏から読む

重田園江
Omoda Sonoe

922

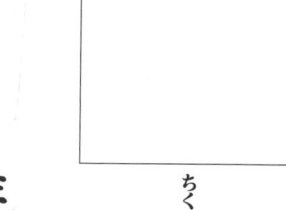

ミシェル・フーコー——近代を裏から読む

【目次】

はじめに

思想家が渾身の力を込めて書き上げた一つの作品には、その人がそれ以前に考えたこと、書いたことのすべてが、何らかの形で含まれている。それだけでなく、作品完成の後に考えるであろうこと、書くであろうこと、語るであろうことのすべてもまた、少なくとも「しるし」「予兆」としては、作品の中に息づいている。

これがあらゆる思想家にあてはまるかどうかは分からない。だが、ミシェル・フーコー(一九二六―八四)の『監獄の誕生』という作品に関しては、私はこれを真実だと考える。そして、作品の解釈を企てる側にそれ相応の覚悟と想像力があれば、この真実を引き出せると考える。

重要なことは、たしかに作品の中から作品を読むことだ。ただし、そこに至るまでにフーコーがたどった、気の遠くなるような準備と下支えと思考の歩みに配慮を怠ってはならない。あるいは、作品を創る過程での苦闘を通じて、曖昧だったアイデアが明晰《めいせき》になるとともに新たなテーマが出現し、その著作を超えた新しい思考の予感が、すでに著作の中に胎動していることへの目配りを忘れてはならない。

＊

『ミシェル・フーコー』というタイトルをつけたこの本は、はじめは『監獄の誕生』に限定してフーコーの魅力を読者に伝えようという試みだった。それによって、彼の著書や生涯を網羅的に取り上げるよりもずっと深くそして広く、フーコーの思想の強靭《きょうじん》さと魅力を示せると考えたからだ。

だが、巨大な一冊の本について語るということは、その著書の内部を丹念に踏査すると同時に、一方で書かれざる執筆の背景に迫ることでもある。また他方で、やがて考えられ、書かれるであろう「その後のフーコー」に、思いをめぐらすことでもある。そのためこの本は、いわばフーコー自身に促されて、『監獄の誕生』の解説本とは大きく異なるものになった。

ある重さを備えた作品は、作者自身が書いたときには自覚していないテーマを含んでいる。また作品の外部にある過去と未来に向けて、あるいは予想もしない場所に向けて何かを発信し、それらとつながっている。だから、『監獄の誕生』という作品からフーコーに「入門」すれば、彼のポテンシャルの中心に近づけるかもしれない。あるいは、全く意外な場所にいつの間にか連れてこられていたことに気づくかもしれない。

これらはいずれも「自由」と深く関わっている。そしてフーコーにとっての自由も、彼のことばがこれほど人を惹きつける理由も、それを真正面からいくら説明しても届かないところにある。だからこの本はこのようなスタイルになっている。以下でのテーマ設定と章の流れはある種の偶然の導きによるのだけれど、よく考えるとやっぱりこうでしかありえない必然でもある。それはフーコーという思想家と、『監獄の誕生』という作品によって仕向けられたものだからだ。

用語やあらすじの解説を重ねても全く届かないところに、はたしてこの本が届いているかどうか。その判断はもちろん、読者に委ねられている。

I フーコーの世界へ

手で空をつかむフーコー(日本での講演、1978年)

第1章　価値を変えろ！

†ダミアンは四つ裂きにされ……

「一七五七年三月二日、ダミアンの刑が宣告された。「パリのノートルダム教会正面で公然告白刑に処す」。そこで「裸足にシャツ一枚の姿で護送車から降ろされ、罪の告白に際しては重さ一キロの蠟《ろう》の松明《たいまつ》を持つこと」。そののち「同じ馬車でグレーヴ広場に移され、そこに用意された処刑台の上で、両胸、両腕、両腿《もも》、ふくらはぎを熱したペンチで引っ張って焼き切り、右手はダミアンが王殺しを犯した時の短刀を握らせたまま硫黄《いおう》の火であぶること。さらに、先ほどペンチで傷つけた箇所に、溶かした鉛、煮えたぎる油、燃える松脂《まつやに》、蠟と硫黄を溶かした液をかけること。最後に体を四頭の馬に引かせて四つ裂きにし、

ダミアン処刑の図

四肢と胴体は燃やし尽くして、灰はまき散らすこと」(『監獄の誕生』九頁。ただし、引用文の日本語訳は適宜変更してある)。

ミシェル・フーコー『監獄の誕生――監視と処罰』(原著一九七五、日本語訳一九七七)はこの一節ではじまる。タイトルからして怪しげなその書物を手に取ると、最初に不気味な図版や写真が三〇枚も続き、唐突に右のような文章が現れる。序文も前置きも何もない。当惑し、残酷描写にげんなりしつつ、気を取り直して次の段落を読んでみる。

フーコーが引用する『アムステルダム新聞』によると、ダミアンの処刑人たちは、四つ裂きの作業にひどく手間取ったらしい。ダミアンの手足に縄でつながれた馬が一生懸命牽引《けんいん》するのだが、四肢はなかなかちぎれず、何度も試した後、馬を二頭増やして両腕を二頭ずつで引いてようやくもぎ取られる。さらに太腿も同じように試したがうまくいかず、人間の手で切り刻むことが検討される。だが当局の許可が下りなかったため再び馬をむち打って引かせる羽目になり、疲れのあまり一頭が倒れてしまった。時間はむやみに過ぎ去り、見物人の罵声を浴びつづけた処刑人たちは、あせりと疲労からとうとうあきらめ、ナイフを使って腿の付け根に切り込みを入れることにした。そしてもう一度馬に引かせて、やっとのことでダミアンの両腿をもぎ取ったのである。

この新聞が伝えるところによると、ダミアンは全身に酷い火傷を負い両手をなくしたまま、少なくとも太腿がもぎ取られるまでは生きてしゃべっていた。拷問の際には苦痛のために大きな叫び声を上げたが、その後は神への懺悔《ざんげ》の言葉をくり返したという。そして太腿を切り取る作業がうまくいかず、執行人たちが困り果てている時には、なんと愚痴を言う彼らに自分の責務を果たせと励ましの言葉をかけたそうだ。

†残虐な死刑執行?

こんな風景の再現ではじまる『監獄の誕生』とは、いったいどんな本なのだろうか。とにかく出だしがどうしようもなく気持ち悪い。おそらく多くの人が、ここでの詳細な残虐描写に嫌悪感を覚え、本を閉じて二度と開かない人もいるだろう。ではなぜこの描写にぞっとするのか。もちろん残酷だからなのだが、なぜこれら一連の光景を残酷と感じるかを改めて考えてみると、この処刑風景が何かしら「やりすぎ」の感じを与えるからではないか。それは限度を越えた身体への干渉であり、過度の苦痛と度を越した暴力的行為の連続に見える。ではフーコーは、身体刑の「やりすぎ」を強調するために、こんな凄惨な場面の描写を執拗《しつよう》に行なったのだろうか。

ここで逆に、「適度の」苦痛というものがあるかを考えてみたい。私たちがこの問いへの答えを持たないことと、たとえば死刑制度の存廃をめぐる議論で、ある「言い淀《よど》み」が生じることには関係があるように思われる。しかし少なくともダミアンの処刑風景を示された場合には、多くの人がはっきりした答えを持っているのではないか。たとえ死に値する大罪を犯した場合でも、非合理で無意味な苦痛を与える必要はないはずだと。

とくに意味不明で困惑するのが、四肢がなかなかちぎれず馬が倒れるほどになっても、ナイフで切り込みを入れて馬を手助けしてやること（そしてダミアンの苦痛を早く終わらせてやること）に執行人たちが逡巡《しゅんじゅん》するくだりではないだろうか。四肢をもぎ取るのが目的なら、精肉業者が動物を解体する時のように、関節に切れ目を入れることに何の問題があるのだろう。

三池崇史やダリオ・アルジェントのホラー映画を観ていると、人間の四肢などすぐに切り取れるように思えてくる。たしかに人の手で、しかもピアノ線などの特殊な道具を使えばそうなのかもしれない。そのうえホラー映画では、一部の選ばれた登場人物を除いて簡単に人が死ぬ。だが、フーコーが執拗に描写するダミアンやその他の死刑執行風景では、そうはいかない。そこには「スタイリッシュ」な要素は少しもなく、身体をめぐる苦闘、下手な芝居のような展開、シナリオ通りに進まない見世物、人々の罵声と嘆息、汗と土と血と肉と暴力の臭いがぷんぷんする舞台がある。

身体刑が執行される世界で、人々が何にこだわり、何に恐怖し、興奮し、賛同を寄せ、反発していたのかは、生きる世界を異にする私たちには、なかなか理解も共感もできない。言いかえれば、何がどのような基準で罰せられているのか、そこにどんな理屈があるのか、またどんなプロセスを通じて納得が得られ、あるいは逆に反抗を呼び込むのかよく分からないのだ。つまり身体刑の空間において賭けられているものが何なのか、何をめぐって処罰が展開しているのかは明白でない。だからダミアンの処刑は、無益に被告を苦しめ、死刑執行の時間を浪費することで、権力の残虐性を意味なく際立たせているように見えるのだ。

†フーコーのねらいはどこにあるのか

しかし、ここで身体刑が理不尽であることをげんなりするほど見せつけ、ああ、ダミアンの時代に生きていなくてよかったと思わせるのが『監獄の誕生』のねらいではない。フーコーがそんなストレートなことを言うために、わざわざ本一冊を費やすはずはない。これは当たり前のことだ。では何がねらいなのか。

フーコーの著書というのは一つ残らずとても手が込んでいて、プロットが複雑で要約が難しいだけでなく、何を伝えたいのか今ひとつ分かりにくい。だがもちろんこれは欠点ではなく、むしろ彼の著書の限りない魅力の源泉である。読み方によって、読む時期によって、もしかして彼はすでにここまで考えていたのかもと、どこまでも深読みできてしまう。そしてそれに応えるだけの陰翳《いんえい》が、行間にびっしり詰め込まれている。とくに『監獄の誕生』は、その点で文句なしの傑作なのだ。

『監獄の誕生』を通しで読むという苦行に耐えた人には分かるはずだが、冒頭のダミアン処刑で吐き気を催したのに、読み終わってみると近代の「自由刑」（自由を剥奪する刑、すなわち禁錮《きんこ》や懲役などの刑）を賞賛する気持ちにはとてもなれない。むしろ身体刑の時代と比較してすら、自分たちはなんて息苦しく耐えがたい時代に生きているのだろうと思ってしまう。これは実に不思議な感覚で、今まで安定していたはずの足下が掘り崩されるような不安定な感じと言えばいいのか、とにかくバランスが崩れてしまう体験なのだ。

もちろんそういう気にさせたのはフーコーで、彼は意図して読者をそういった感覚に陥らせているのだ。練りに練られた構成を組む中で、彼自身がいくつもの仕掛けを周到に用意している。フーコーがつねに心がけたのは、世の中で当たり前だと思われていることを、自分の著述に接した後ではとても当たり前とは思えなくさせることだった。フーコーは見えないものを見えるようにする（つまりは蒙《もう》を啓《ひら》く）ことよりも、見えているものを違ったしかたで見せることを望んだ。それこそが、彼にとっての哲学という実践なのだ。

私たちにとって見えているもの、つまり当たり前のように視界に入ってくる対象は、いつも既視感を伴って思考の対象となり、即座に言語上の分類を与えられる。そこにあるのは電子辞書、こっちはマウス、あれはまだ読んでいない論文集などなど。

自由刑とは近代人にとってかけがえないものであるはずの自由を剥奪する刑、しかも自由以外の何ものも奪わず傷つけない刑で、だからこそ近代にぴったりの刑である。身体刑とはまだ文明が根づいていない時代に剣によって力をふるった王たちが好んだ残虐な刑に他ならない。ああ、現代に生まれてよかった。フーコーに言わせればこうした見方は、そこここにあるものたちをすでによく知っている単語＝カテゴリーへと分類して理解する思考と類似したものである。

彼はこうした見方を端《はな》から疑ってかかるので、フーコーが書いたものを読むと何となく居心地が悪くなる。もちろん彼は、「本当は身体刑は残虐ではない」だとか、「監獄は拷問よりひどい」などと言いはしない。そうではなく、身体刑にも固有の合理性があるのだ。もっと分かりやすく言えば、体を痛めつけ、それを見世物にするような刑罰もまた一つの体系で、そこには刑罰全体を貫く独特の理屈があり、納得の回路があることを示そうとする。つまり、時代が違えば刑罰も違うのは当たり前で、時代背景ぬきにそれらに優劣をつけても意味がないということだ。

さらに、近代の自由刑の出自はもともと啓蒙主義（人間の自由と平等を尊重する近代の旗印となった輝かしい思想）とはあまり関係がなく、それが自由だけを奪うことで受刑者の人権をできるかぎり尊重する刑からはほど遠いことが、執拗な歴史叙述によって明らかにされる。監獄は、近代という時代が要請する秩序維持のための手法や技術、戦略や戦術（これらをまとめてフーコーは「規律 discipline」と呼んでいる）と分かちがたく結びついており、そうした技術が適用される代表的な場の一つなのである。

†ディオゲネスへの神託

晩年のフーコーが好んで言及した哲学者に、キュニコス派（犬儒派）のディオゲネスがいる。家を持たず空の酒樽《さかだる》に住んでいたことから「樽のディオゲネス」とも称されるが、古代ギリシアの自由を体現する魅力的な人物像が伝えられている。そして古代ギリシア人たちにさまざまなお告げを与えたデルフォイの神託は、彼に「価値を変えろ」という言葉を与えたとされる。フーコーは最晩年の講義で、古代ギリシアにおける共同体の規範と自由な人間との関係を考察したが、ここで「価値を変えろ Change la valeur」というディオゲネスへの神託が持つ意味に何度も立ち返り、考察を加えている（一九八四年三月七日から三月二八日のコレージュ・ド・フランス講義）。

私がこの講義の録音テープを聴いたのはずいぶん前のことだ。それ以来何度も頭をよぎるのは、フーコー自身が生涯にわたって、この「価値を変えろ」を追い求めたのではないかということだ。私たちはしばしば、既視のものを基準にして新しいものを見る。そのため、本当は見えるはずのものがまるで見えないといったことが起こる。あるいは見ているつもりで、見る前に作られた枠をあらかじめ対象にあてはめてしまっていると言ってもよい。

「価値を変えろ」とは、見方を変えるということだ。だが言われているほど簡単ではない。価値の変更や視点の転換は、あらかじめしつらえられた社会的に通用する枠に揺さぶりをかけ、それを震撼《しんかん》させ変えてしまうようなきっかけがあってはじめて可能になるものだからだ。ミシェル・フーコーはその生涯と著作活動を通じて、全精力を傾けて自らがこうした意味での価値転換の「きっかけ」になろうとしたのではないか。

†フーコーを追いかけて

私は二〇年ほど前、自分が何ものになれるのか少しも分からない時期に『監獄の誕生』に出会った。難解さに幾度も立ち止まり、読了後も著者が何を言いたいのかよく分からなかったけれど、それでもこの本に魅了され、これを書いた哲学者に心を奪われた。人の一生が短く、また人生にとって決定的な時期はもっと短いことを考えると、この本が私の生涯で最も重要な著書であることは間違いない。そして緻密な脚本のホラー映画も顔負けの仕掛けが随所に施され、複雑怪奇な細部が合わさってできた寄木細工のようなこの本を読み解くことが、長い間私にとっての課題でありつづけている。

もちろん、一冊の本の魅力をすべて解き明かすことなどできない。ましてや『監獄の誕生』は私の想像力と思考の限界をはるかに超えた著書である。それでもやはり、この本の仕掛けを読み解き、そこでフーコーが何をねらいとしたかを理解すること、さらには私が説明できることを読者へと差し出すことは、この本との出会いから二〇年経った今では、どうしてもやっておかなければならないことのように感じている。

そしてそれは、研究者としてという限定付きのものではなく、この本を書いたフーコーが好きでたまらないからこそずっとこだわって、つき合って、考えてきたことを、ちょうど好きでたまらない子のことを考えたくないのに考えてしまう、恋の強制力のようなものに動かされてきた結果を、読者に示すことでもある。

常々私は「フーコーの専門家」「フーコー研究者」と言われることに気恥ずかしさを感じてきた。それというのも、フーコーについて一冊の本も書けないでいるだけでなく、というよりその理由なのだが、彼について知っていること、理解していることはほんのわずかで、分からないこと、理解できず説明もできず、まだまだ追いつくどころか触れることすらできていないと思うことの方がずっと多いからだ。フーコーがあまりにも遠く感じられる時には、まだまだ愛が足りないと自分を叱責《しっせき》するのだが、それでもときには「見えた」あるいは「近づいた」という手応えが得られる瞬間が訪れる。

フーコーはものごとの価値を変えようとした。それを著作を通じて、また行動と発言を通じて実践した。『監獄の誕生』はどのようなしかたで価値を変え、ものの見方を変えることを目指したのか。さらにはそれと前後して彼はどんな活動に携わり、また『監獄の誕生』以降そこから来たテーマをどう展開したのか。これらを今の私にできるかぎり示すことが、この本の主題であり目的でもある。

冒頭の引用で気分が悪くなった人も、フーコーへの愛を語る筆者の心情の吐露に引いてしまった人も、どうか気を取り直してこの本を読み進めてほしい。フーコーは近現代を深く、遠くまで見通し、字面の上では今の生活とは何の関係もない過去の話に終始するのに、それと同時にびっくりするほど身近な、至近距離の現在を目の前に突きつけてくる。しかもその歴史像に触れれば、見慣れたはずのものごとが、これまでとは全く違って見えはじめるのだ。

第2章　フーコーはなぜ「監獄」を選んだのか

†初期フーコーの軌跡――『狂気の歴史』『言葉と物』『知の考古学』

　これから『監獄の誕生』の叙述を追いながら、フーコーが描いた刑罰の歴史をたどってゆく。叙述の順序が前後し、またすっきりした一本の物語が進まないので、読んでいて困惑するところがあるかもしれない。だが、それこそ『監獄の誕生』のおもしろさの一つでもある。フーコーは何かある「教え」を読者に垂れるために書いているのではないからだ。それよりも、全然関係ないと思っていたものが急につながって見えたときの驚き、あるいは日常を違ったしかたで見るヒントに出会ったときの喜びを大切にしていた。

　こうした点を念頭に置いて、まずこの本では、一つ一つの説明についてはできるだけ分かりやすい具体例を用いるつもりだ（卑近すぎて恐縮な具体例もあるかもしれない）。だがそれとは違う次元で、読み進めてゆくと何だか話がうねうねしてまっすぐ進まず苛立《いらだ》つことがあるかもしれない。こういうごちゃごちゃした話に何の意味があるのかと思ったら、その部分は読み飛ばしてもらっていい。

でも、フーコーの思考自体が、すっきりまっすぐ進むことなど一度もないということも言い添えておきたい。彼の書いたものにはいつも何かしらの余剰があって、字面の背後に陰翳と厚みが感じられる。それらは無意味な修辞ではなく、「現に起こったこと」に迫ろうとする歴史への誠実が引き起こす一種の淀みだ。それを拾い出して入門的に語るのはかなり難しいが、以下ではできるだけフーコーの世界を壊さないように配慮しながら、複雑怪奇な『監獄の誕生』の構成を追っていきたい。

だが中身に入ってゆく前に、フーコーがなぜ「監獄」をテーマに選んだのかについては、少なくとも読者に説明しておくべきだろう。そこでまず、彼の著作遍歴を簡単にたどっておくことにする。最初の著書はポケットブックのような『精神疾患と人格』（一九五四）で、次に博士学位請求論文『狂気の歴史』（一九六一）がある。フーコーの著書の中で一番長いこの作品は、彼が「古典主義時代」と呼ぶ（この呼称については第4章で改めて説明する）時代に、「狂人」を特異な対象として浮かび上がらせる精神医学と精神医療がどのように生成してきたかを描いたものである。つまり近代精神医療の前史なのだが、近代そのものより前史の方が近代理解のカギとなる点では、『監獄の誕生』と同じ着想と構成になっている。

ここでフーコーが見せる執念、「精神医学」の誕生とかつて施療院などにつながれていた狂人の「鎖からの解放」を、人道主義の勝利や真の科学的医学の目覚めといった「お話」とはまるで違ったものとして描こうとする情熱はすさまじいものだ。この作品はまた、狂人や浮浪者の「閉じ込め」をテーマとしている点で、『監獄の誕生』へのつながりが明白な作品でもある。

医学史を扱った『臨床医学の誕生』（一九六三）につづいて、一九六六年に『言葉と物』が出版される。この本がベストセラーになったため、フーコーはサルトル後のフランス現代思想を代表する人物として、ポストモダンの「アイコン」になってしまった。一九六八年にはバリケードの内側にいる学生たちがポケットに『言葉と物』を忍ばせるのが流行したと言われる（ポケットに入ったかは疑問だが）。

だが、なんというかとても「脱臼的」なこの本は、六八年というより、やはり八〇年代にぴったりくるものだったようにも思える。その後フーコーは、六八年以降の新しい思想の代名詞となった「構造主義者」と呼ばれることを嫌うようになるが、『言葉と物』はたしかに構造というより概念間の関係とその変容、概念の継承と廃棄の複雑な交錯に注目して、「人間を主題とする科学の歴史」を描いている。その意味では、概念（史）の哲学として戦前から脈々と受け継がれてきた「フランス科学認識論」の秀作と考えてよい。

そして、科学認識論の中での自分の特異な手法について解き明かそうとした『知の考古学』（一九六九）出版後、六九年末にフランスで最も名誉ある教授職とされるコレージュ・ド・フランス教授に就任する。このころ「監獄情報グループ」設立に関わり、『監獄の誕生』が七五年に出版される（このあたりの事情は第13章で改めて取り上げる）。

†「規律」という人間管理のテクニック

このように見てくると、七〇年代に入って生活も安定したので政治活動に手を染め、もの好きなことにたまたま監獄に関心を持ったと思われるかもしれない。たしかに、助手時代からのフーコーの関心、そして『狂気の歴史』以来のテーマからすると、「フーコーはなぜ監獄を選んだのか」を説明するすっきりした答えは見あたらない。むしろその後も含めて考えると、なぜ病院でもなく、医療でもなく、あるいは精神病院や精神医学でもなく監獄だったのかは、それほどすんなりとは説明できない。

医療の問題、より広くは健康と病気、公衆衛生、一般大衆の健康と生をどう管理するかについての政策や技術史に、彼は研究生活の出発点からずっと興味を持ちつづけていた。博士論文のテーマに「狂気の歴史」を選んだ理由には、リール大学で心理学の助手として精神医療の現場を間近に見たこと、またエコール・ノルマル時代から影響を受けたジョルジュ・カンギレムの生物学と医学の歴史研究が関係している。したがって、フーコーが年来の関心に沿って監獄ではなく精神病院をテーマに選んでいたなら、その方が自然で説明しやすいとも言える。

これとは別の観点からも、なぜ監獄かは問題になる。『監獄の誕生』をこれまで考えられてきたように「規律」についての本だとするなら、またしても説明が難しくなるからだ。というのも、規律について、それがどこから来てどのような特徴を持つのかを説明するための題材としては、監獄である必要はないからだ。

たとえば学校を例にしてもいい。教育学者でフーコーを読む人はこのテーマが大好きだ。私が講義で学生たちに規律の話をするときも、みんな学校を思い出して規律の浸透に納得している。あるいはフーコーは、近代工場を例にとることもできたはずだ。そうすれば資本主義における資源としての人間の「利用」について、また近代工場特有の人間管理のテクニックについて、もっとさまざまなことを言えたかもしれない。他にも、軍隊を取り上げることもありえたし（『監獄の誕生』出版後のある時期、フーコーはその計画を持っていたようだ）、すでに述べた病院や医療でもよかったはずだ。また広い意味での都市計画の中に公衆衛生と健康政策を位置づけるような方向も考えられる。これはリオデジャネイロでの連続講演で後に彼が語ったテーマだ。

このように例を挙げるだけで、「規律」が監獄に限らず多様な領域に適用されてきた人間管理のテクニックだということが分かる。これについては追って見てゆくことにして、ここでは「フーコーはなぜ監獄を選んだのか」の答えを探る試みを続けよう。

†『監獄の誕生』は「規律」の解説本ではない！

いきなり読者をがっかりさせてしまうかもしれないが、先に結論を言うなら、これについて決定的で唯一の理由を手にすることはできない。というのも、そもそも研究に際してあるテーマを選ぶときに、なぜそのテーマでなければいけないかを完全に自覚している人などいるだろうか。それよりむしろこう問うべきではないか。監獄を選んだことで、他の領域を選んでいれば引き出せなかった何をフーコーは引き出したのか。自分が選んだテーマに最大限雄弁に語らせるために、彼がどのくらいの想像力とエネルギーをもって文献を渉猟し、そこから何を引っ張り出してどこへ連れて行って何につなげたのか。

その点では、フーコーは『監獄の誕生』でありえないほどのことをしている。もちろん別の領域を選んでいたらどうだったか、たしかなことは言えない。だが、実際に彼が選んだのは監獄で、それによってしか出てこない視野の広がりを提示し、思いもよらぬもの同士を力技で結びつけた。そのことを通じて、監獄を起点としてヨーロッパ近代に迫るという、それまで誰も考えなかったことをやったのだ。

『監獄の誕生』はたしかに「規律」についての本だ。だが一方で、それは「監獄の誕生」について書かれた本でもある。ここで監獄は、単なる規律の一例ではない。規律の例を挙げてその特徴を説明したいのなら、古代以来の軍隊、修道院、寄宿学校、病院、都市衛生政策、近代の工場施設などを並べて、それらに共通する特徴と固有の歴史を比較検討するような、要覧的な作りの本の方が目的にかなったはずだ。

なぜそうしなかったのか。狂人の閉じ込めと鎖からの解放、それに密接に関係する黎明《れいめい》期《き》の精神医学と医学の臨床化、医学部による身体に関する知と免許の独占などについて熟知していたフーコーには、規律が監獄に限らない一般性を持って広がっており、その広がりにこそ注目すべきだということは早くから見えていたはずだ。

だがそうした形の本、つまり「規律」について解説する本だったとしたら、それはどう読まれただろうか。たしかに安心して読む人はいるかもしれない。読者の中には、自分より博識な人間から知らないことを教えてもらいたい、知識の抽斗《ひきだし》を増やすのが読書の目的だと思っている人もいるからだ。だが、「この一冊で○○が分かる！」が好きな人に一度自問してほしいのは、知識の抽斗を増やし、中身を一杯にしていったい何になるのかということだ。そんなことに知的な魅力が少しもないことは分かりきっている。

裏を返せば、そうした要覧的な本、「規律」についてさまざまな分野を取り上げて比較検討するような本は、書き手にとってもこの上なく退屈に違いないということだ。最初から決まっている結論に合わせて、厖大《ぼうだい》な時間をかけて資料をそろえて書くとは、なかなか拷問的な苦痛のはずだ。それよりも、結論がどうなるのか分からないまま、ある予感をしたがえて対象に向かう方がどれだけ楽しいだろう。そういうプロセスの中で新しいテーマがおのずと現れ、格闘する資料や文献の側から、何かが語りかけてくるのではないか。

フーコーはそうした意味で、退屈しながら本を書くことを嫌悪していた。あるいは、事象そのものから新しい発見をせずに彼が何かを考えたり言ったりするなど想像もできないと言ってもよい。彼はいつも知的に飢えていたし、新しい刺激を求め、退屈を恐怖とすら感じていたはずだ。

だから『監獄の誕生』は、「近代の規律について解説した本」ではない。そう思って手に取った人にとっては、フーコーについての解説本を読んだ方がよほどよく分かると敬遠されるはずだ。というか、あの本には敬遠というより困惑の種がそこら中に播《ま》かれている。なんでここにこんなことが書いてあるんだろう。なぜここまでくどくどこの説明がされているんだろう。ここで言っていることはこれまで言ってきたことと全く矛盾しているのではないか、などなど。

†フーコー、真剣に遊ぶ

例を挙げるなら、私がこの本を読んで最初に不思議だったのは、「啓蒙主義の刑罰改革」への言及だ。解説本には、「近代以前の拷問と体刑を中心とする身体刑」(要するに体をいっぱい痛めつける刑)から「監獄への閉じ込め」(「自由」を奪うので「自由剝奪刑」、略して

「自由刑」）へと主要な刑罰が変化したとされている。そしてフーコーは、「監獄への閉じ込めは、拷問や体刑と比べて残酷でないとは言えない。それはむしろ、近代にぴったりの人間を管理する方法だ」と言ったとされる。

でも『監獄の誕生』を実際に読むと、ちょっと待てよと思う。そうだとするとなぜ「啓蒙主義の刑罰改革」という、身体刑とも監獄とも関係ない話が四部構成の全体のうち第二部すべてを使って書かれているのか。第二部の分かりにくい話は何のためにあるのか（これについてはこの本の第5章、第6章で取り上げる）。

また、『監獄の誕生』第一部「身体刑」には、残虐な処刑や拷問の話がたくさん出てくる。そしてこれが、絶大な力を持った王が支配する絶対王政期における代表的な人民支配の方法として描かれている（ように見える）。だが第三部では、絶対王政期は規律の装置がさまざまな工夫のもとに配備される「規律の時代」でもあるのだ。この二重性、さらに啓蒙主義が絶対王政末期に開花したことを考慮すると、この三重性をどう理解すればよいのか（この点は簡単には答えが出ないが、この本全体を通じて、革命以前のフランス社会の複雑性・複合性にくり返し立ち戻り、その都度新たな相貌《そうぼう》を付け加えながら全体像に迫りたいと考えている）。

さらにフーコーは、『監獄の誕生』第四部第二章で「監獄の失敗は当初からよく知られていた」という、どうにも困ったテーマを扱っている。監獄は規律の場だ、そこにはパノプティコン（一望監視）型の建築様式が応用され、囚人たちは自ら進んで規律に服し従順な身体を作り上げるようになる、と主張していると思って読み進めてきたのに、突如として「規律の場としての監獄は失敗しつづけ」で、しかもそれは「誰でも知っている当たり前の事実だ」と言うのだ（このテーマは第12章で扱う）。

このように、『監獄の誕生』はおかしな本だ。あるいは裏切られっぱなし、梯子《はしご》を外され放題、単純なストーリーにまとめることなど到底できない本だ。だからこそ、取り上げる甲斐も意味もあるのだが。私自身この本に何度途方に暮れたか分からない。置いてきぼりにされつづけというか、人を脱臼させておいて一目散に逃げてゆく禿《は》げ頭が遠くにちらちら見えるようで腹立たしいというか、遊び心がありすぎるというか。遊びというより、一二〇パーセント真剣に人を挑発してくる本なのだ。

そして、フーコーのこの「真剣な遊び」に誠実に付き合おうとすると、決してこちらが用意した分かりやすい筋立てで彼について書くことなどできなくなる。だからフーコーの思想に接近しようとするこの本も、一本の筋の通ったストーリーを示すのとは全然違ったものになってしまう。そのため、細部は明瞭なのに結論がはっきりしないという思いを読者に抱かせるかもしれない。しかも、章と章との関係が起承転結としてつながっていないけれど、これどうなっているの？　と戸惑うかもしれない。

†この本の構成

そうした疑問に多少なりとも答えるために、この本全体の構成についてあらかじめ簡単な見取り図を示しておくことにする。大枠としては『監獄の誕生』の叙述の順序に合わせて章立てを構成してある。フーコーはその都度自分がとる視点に合わせて時代を行き来するので、この本の叙述でも時代が前後するところが多い。ある時代を一様なものとして見るのではなく、観点が違うと同じ時代が重層化して見えることに注意しながら読んでほしい。

対応する部分が分かるように、ところどころで『監獄の誕生』第何部第何章と示して、どこに対応しているのかを明示してある。大ざっぱには、以下の第3章と第4章が『監獄の誕生』第一部「身体刑」に、第5章と第6章が第二部「処罰」に、第7章と第8章が第三部「規律」に対応している。

第9章と第10章はそれまでの叙述をもとに、『監獄の誕生』以降フーコーの思索がどこに向かったのかを、「規律／ポリス／国家理性」をキーワードに論じている。第11章は、フーコーに絡んでしばしば問題になる「主権と生権力」というテーマを取り上げ、これにどのような「態度」で接するべきかを考える。

第12章は「監獄の失敗」をめぐる『監獄の誕生』第四部「監獄」での議論を取り上げている。第13章は『監獄の誕生』執筆前後のフーコーの政治活動と著書との関係を軸に、彼の「生涯と思想」を語る場合に陥りがちな罠《わな》について考える。終章は何というか、フーコーという思想家に取り組む難しさと魅力について、読者に改めて伝えるための一章になっている。

こうして全体を俯瞰《ふかん》してみると、『監獄の誕生』の読解に専念しているのは第3章から第8章と第12章で、それ以外の章はもっと広い意味で『監獄の誕生』をめぐって書いたもの、あるいはその後も含めたフーコーの思索の歩みをたどったものになっている。だからこの本は、『監獄の誕生』についての本というより、その頃のフーコー、その後のフーコーが何を考え、なぜそう考えたのかを含めた、彼のものの見方や考え方、フーコーのスタイルを紹介する本といった方がよいだろう。

巻末の参考文献には簡単な読書案内を付けてある。フーコーは専門分野を持たず、永遠のアマチュアだった。だがそれは、これまで誰も挑戦したことのない領域に「哲学的スタンス」で挑みつづけたということでもある。資料の取捨選択やそれを扱う視点の奇抜さのために際物扱いされることも多いが、彼をきちんと評価するにはそれぞれの領域に哲学的にアプローチするとはどういうことかについて、まじめに反省してみる必要がある。そしてまた、彼が縦横無尽に言及したさまざまな領域に、良質の入門書や専門家による見取り図を通してある程度接近してみることも必要になる。参考文献の中から、そのための手がかりを見つけてもらえればと思う。

すっきりしたストーリーも結論も見出せないかもしれないが、読めばそれまでよりフーコーが近く感じられる、そんな本であってほしい。最初の問いかけに戻ると、「フーコーはなぜ監獄をテーマに選んだのか」の答えを、この本全体の中に探してみてほしい。フーコーに刺激を受けた多くの人々が、『監獄の誕生』から自由に答えを引き出し、それぞれ自分自身の実践や思索の糧としてきたように。

Ⅱ 身体刑とその批判

プッサン「聖エラスムスの殉教」(1628-29年)。帝政ローマ期の聖人が生きたまま腸をウインチで巻き取られる様子を、古典主義を代表する画家が描いた(第4章参照)

第3章 『監獄の誕生』はそれほど突飛な書物ではない

†出発点にある「問い」——なぜ「監獄」だったのか

『監獄の誕生』は、冒頭で国王叛逆罪《はんぎゃくざい》を犯したダミアンの残酷な処刑風景を克明に描写する。にもかかわらず、その後の身体刑の廃止と自由刑の普及を称賛するつもりもなさそうだ。そして実際に読み進めてみると、むしろその逆だということが分かってくる。

こう書くと、何かこの著作が突飛でエキセントリックな主張をしているように思われるかもしれない。しかも前章で構成が複雑ですっきり読めないことを強調したので、どこを取っかかりにすればよいのかと不安に感じるはずだ。そこでこの章では、『監獄の誕生』がはじめに設定する「問い」に注目して、その出発点がそれほど突飛なものではなく、むしろ納得できるものだということを確認しておきたい。

『狂気の歴史』（一九六一）『ピエール・リヴィエールの犯罪』（一九七三、原題は『私、ピエール・リヴィエールは、母、妹、弟の喉を掻き切りました――一九世紀尊属殺人の一事例』）など、フーコーの著書のタイトルは刺激的というか恐ろしげで、ゴシックホラーのようでもある。選ばれる単語も文体も、それに応えてダークな色調を帯びている上、頭髪を完全に剃《そ》り上げた風貌、彼の趣味嗜好《しこう》や行動様式についての断片情報から、怖いもの見たさで近づく人もいるかもしれない。

私が研究をはじめた頃はポストモダン・ブームの末期で、なかでもフーコーの知名度は高かった。しかし大学院生が思想家として正面からフーコーを論じることは稀《まれ》で、際物的な扱いを受けていたように思う。(1) フーコーだけでなく、ジル・ドゥルーズやジャック・デリダの未翻訳文献を発掘してきては競い合うように雑誌に掲載し、それを今考えれば意味も分からず読みあさる読者がつく時代だったが、何となくかっこいいという以上の深まりもなく消費されてしまった。ブーム自体あまり実りのないまま、バブルがはじけ日本経済が長い沈滞期を迎える頃にあっけなく終焉《しゅうえん》した。

もともとフーコーは扱いが難しい思想家でもあり、ブームが去ってしまえば「ポストモダンが既存の学問に与えた一定のインパクト」の一部として括《くく》られ、剝製にされて「思想家博物館」に陳列されてしまったような感じもある。

だが、『監獄の誕生』でフーコーが出発点とする「問い」に立ち返ってみると、実はそれが見かけによらず真っ当で、際物でもエキセントリックでもないことが分かる。だから「ポストモダンが既存の学問に与えた一定のインパクト」の中に括って済ますべきではないのだ。この本を含めその前後に彼が展開した議論は、近代的価値の表面上の否定ではなく、もっと包括的で深く鋭い近現代の諒解《りょうかい》に拠っているのである。言いかえれば、『監獄の誕生』は犯罪と刑罰に関する一つの古典的な問いから出発し、結果としてこれまで誰にも見えなかった、あるいは見えているのに見ていなかった近現代史を読者に示すのだ。

ここでの古典的な問いとは、「なぜ監獄だったのか」、つまり近代になってなぜ急に、監獄が主要な刑罰の場となったのかである。身体刑から自由刑への転換にあたって何が起こったのか。急激な変化はなぜ生じたのか。そしてなぜ新しい刑罰として監獄への拘禁が選ばれたのか。

†多様な犯罪、単調な刑罰

人が何か悪いことをしたとして、罰にはさまざまなものがありうる。たしかに、明治期に作られた刑法を今でも用い、久しく部分改正すらされなかった国に住んでいると、罰の多様性への想像力は鈍化してくる。だが、たとえばなぜ結婚詐欺でも、薬物濫用でも（二回目以降はほぼ確実に）刑務所に入り、資産隠しでも刑務所に入るのか、多種多様な罪に対して、なぜ刑罰の方はこんなに単調なのかを考えはじめると、なかなかはっきりした理由を挙げられないことが分かってくる。

私たちは多様な罰を考えることに慣れていないので、突飛かもしれないが、ここではより身近な（？）ＳＭを例に考えてみたい。よく言われるのは、サド役はとても疲れるということだ。というのも、次にどんな独創的な罰を与えるか、どんな斬新なお仕置きをするかを考えるのは、まるで脚本家がストーリーを練るときのように大変なことであるらしい。うかうかその場の快楽に浸ってなどいられない。言ってみれば、試合に勝った直後に次のゲームの布陣を考えなければならない代表監督のようなものである。それに比べると、マゾの役割は身体的・物理的な快楽自体きわめて強度で、しかも一見受け身だがより強い快楽を与えてくれるようサド役を誘導できる、実に得な立場だそうだ。

話を戻すと、罰には創意工夫の余地があり、多様で想像力豊かな罰もありうるということとだ。そうなると問題は、なぜ多種多様でありうるはずの罰が現実にはこんなにも単調なのかだ。新聞の三面記事を見ていると、よくもまあこんな罪を犯したものだという事例に感心してしまうことがある。想像を絶する残酷さといったものにももちろん出くわすが、予想を超えた被害者と加害者の組み合わせから背景にある人間関係を考えさせられるものや、得られる物質的利益からはおよそ割に合わないものなど、理屈では説明しがたい不条理な犯罪がこの社会には溢《あふ》れている。

それなのに、対する刑罰の単調さである。これは何なのだろう。「なぜ監獄だったのか」とはこのような問いである。第1章で述べたとおり、時代が違えば刑罰も違う。これは当たり前だ。だがこの考えをもう一歩進めてゆくと、刑罰というのは時代、すなわち特定の社会を何かしら反映しているはずだということになる。これを近代にあてはめて言うなら、「監獄へと閉じ込める自由刑が主要な刑罰となったことは、近代社会のどのような特質を反映しているのか」と問うことを意味する。

†デュルケムの「刑罰進化の二法則」

そしてこの問いは、犯罪と社会との関係を問う学問の歴史において、実は古典的なものである。犯罪を社会的観点からとらえようとする試みは、たとえば社会学生誕期にすでにガブリエル・タルドやエミール・デュルケムによってなされた。

彼らは一方で、刑罰を何か超越的・絶対的な規範を拠り所としてとらえることをせず、たとえば神のことばに拠るなら正しい刑罰とはどのようなものかといった問いの立て方を拒絶する。他方で、犯罪者は生まれつき人格に問題があるため治療することも矯正することもできないという、後の時代に「遺伝決定論」と呼ばれる説にも反対した。そして特定の社会が有する諸特徴との関係で、犯罪と刑罰を理解する道を選択したのである。

なかでもデュルケムは、社会が変われば刑罰も変わるという見方に立ち、その変容を跡づけようとした。彼は「刑罰進化の二法則」（一八九九—一九〇〇）で、社会組織および政治組織のあり方という二つの変数を用いて、未開から近代へと刑罰がいかに変化（進化）してきたかを叙述した。デュルケムは罰の重さを「刑罰の量」と表現し、未開の単純な社会は近代の複雑な社会より重い罰を科す傾向にあるが、一方で絶対的（集権的）な政治権力は分散的な政治権力より重い罰を科すため、両方の変数を視野に入れなければ、特定の社会における罰の重さを決定できないとした。

さらに、量的な面以上に興味深いのは、刑罰の質的な側面についての考察である。デュルケムは刑罰の歴史を考察するにあたって、罰の軽重だけでなく、その種類に注目すべきことを理解していた。そして、自由刑（デュルケムはこれを「罪の重さに応じてある一定期間自由を、また自由だけを剝奪する刑」［「刑罰進化の二法則」三〇六頁］と定義している）が主要な刑罰となったのは、意外に最近だということも指摘している。

デュルケムによると、「下級社会」には自由刑はほとんどない。それは古代都市に一応見られるがごくマイナーで、キリスト教社会、とくに修道院で発達した。しかしそれが刑罰なのかそれとも単なる拘留なのか、あるいは処罰のためなのか管理のためなのかは長らくはっきりしなかった。刑法学者が監獄を正式な刑罰として認めるのは、ようやく一八世紀になってからで、フランスでは一七九一年刑法、つづいて一八一〇年刑法（ナポレオン刑法典）を通じて、自由剝奪刑が刑罰のほぼ全体を占めるに至った。

ではなぜ刑罰にこうした質的変化が生じ、一定期間（もしくは一生）を刑務所で過ごすことが主要な罰となったのか。注目すべきことに、ここまでの歴史的な事実認識、そして提示される問いは、デュルケムとフーコーとでおおよそ共通している。彼らの相違は、近代に至る歴史認識や出発点となる問いではなく、答えを導くための着眼点と分析の手法、そして当然ながらそこから出てくる答え自体にある。

デュルケムは、社会が進化し複雑になるにつれて、刑罰の苛烈さが徐々に弱まるという説を支持していた。彼によると、未開社会では宗教的・呪術的な慣習への違反はきわめて厳しく罰せられた。ところが、社会が複雑化するとともに宗教的な拘束が緩むにつれて、社会と個人、あるいは社会における個人と個人とを結びつける絆《きずな》は変化する。さらに彼はこうした絆の変化は、刑罰が穏やかなものに変容することと不可避に結びついていると考えた。

†デュルケムに対するフーコーの疑問

フーコーなら、デュルケムのこうした見方に対して次のような疑問を発するだろう。ある刑罰に比べて別の刑罰が穏やかであるとか、苛烈であるなどとなぜ言えるのか。社会が変われば刑罰は変わる。この前提は受け入れられる。しかしだからこそ、異なる社会の刑罰を同一線上に置いてその軽重や苛烈さの度合いを比較することに何の意味があるのかと。そうではなく、なぜ特定の社会が特定の刑罰を主要なものとして採用するのか、それがどのような意味でその社会に適合していると言えるかを問うべきなのだ。

実はさっき気づいたのだが、フーコー自身『監獄の誕生』でデュルケムに言及している。

「デュルケムがしたように社会の一般的な〔発展〕形態だけを研究するなら、刑罰が個別化する過程〔現代の刑罰の特徴だとされる、犯された「罪」に対応した罰から、罪を犯した「人」に応じた罰への変化の過程〕を、罰の緩和という原則に則ったものだととらえてしまう危険がある。実際には刑罰の個別化とは、新しい権力の戦術がもたらした結果であり、とりわけ処罰の新しいメカニズムの帰結に他ならないのだ」（『監獄の誕生』二七頁。〔 〕内は引用者がつけた説明）。

フーコーは当時まで自由刑に対してなされてきたどの説明にも、全く満足できなかったらしい。とくに刑罰を社会組織や政治制度との関連でとらえ、またそれが苛酷なのか寛大なのか、贖罪《しょくざい》と補償のどちらを重視するのか、罪を犯した個人を追及するのか集団の責任を重く見るのかなどの基準によって分類するデュルケムの方法では、彼自身が知りたいことは何一つ明らかにならないと考えていた。

†「経済決定論」の何が問題か

しかしまた、社会進化の一般的趨勢《すうせい》や法則を見出そうという、デュルケムのような古い社会学の欲求から離れたところでなされた分析にも、フーコーは満足していない。

一般的な傾向ではなく、具体的・個別的な歴史を詳細に記述し、そこで起こったことを再現するという手法に関しては、フーコーはルーシェとキルヒハイマーの『刑罰と社会構造』（一九三九）に賛同する。またそこで主張されている、刑罰が犯罪に制裁を加える以外の目的を持っていること、とりわけ刑罰には単なる犯罪抑止といった側面だけでなく、もっと積極的で生産的な面があることに同意している。さらに、『監獄の誕生』では触れられていないが、彼がフランクフルト学派の近代理性批判に常々敬意を表していたことを考えると、刑罰実践を近代社会特有の構造と結びつけて理解し、しかもそれを進化論や目的論から切り離して批判的にとらえるという姿勢にも共感していたはずだ。

だがフーコーは、彼らの分析を導く主要な関心には明らかに失望している。ルーシェとキルヒハイマーは刑罰の役割を経済的な観点へと収斂《しゅうれん》させており、たとえば庶民に私有財産と富の余剰がほとんどない時代には、身体こそが取り立てられるべき財産で、だから封建制では身体刑が発展したと考える。その後、商品経済の浸透につれて監獄労働が重視されるようになり、身体を痛めつけるだけの無駄な刑罰は衰退する。

ここで注目されているのは、つねに経済的に役立つかどうか、金になるか財産になるかだけだ。たしかに刑罰は、それぞれの社会に固有の生産様式に対応してさまざまな形態をとって表れるが、結局のところ本質的には変わることがない「富を獲得したいという欲望」によって完全に規定されている。つまりここでは、社会進化の一般法則に代わって、歴史や社会構造をつねに富と金銭への欲求に結びつけるという、別種の目的論が作用していることになる。

マルクス主義の「経済決定論」なるものに多少とも親しんだことがある人なら、これはとても分かりやすいが真実からはほど遠い図式であると気づくはずだ。私の考えでは、経済決定論の一番悪いところは、すべての事柄について経済が最終審級であり、決定的かつ基底的な役割を果たすという主張そのものではない。むしろ、特定の事柄を考察し分析する際に、その事柄の特異性や個別具体性を無視して、あらかじめ作られた「経済的審級の優位」という図式をあてはめるところが最悪なのだ。

かといって、経済的審級に対する政治的あるいは文化的な次元の相対的独立性を主張するのも、今述べた図式を単にひっくり返しているにすぎない。経済が最終審級であるという主張は必ずしも間違っていないし、それに反論しようとして政治や文化の領域の重要性を示したところで、本当のところ何の反論にもならないのだ。多くの場面で、文化理論好きの社会学者や、「政治的なもの」を語りたがる政治理論研究者が考える以上に、経済的な要因は人の意思決定と行為にとって重要な役割を果たしている。そして当然ながら、経済的な「審級」は政治や文化とさまざまな形で結びつくことができ、いつの時代にもそうした結びつきを通して社会秩序が築かれてきたのだ。

必要なのはむしろ、経済／文化／政治といった既存のカテゴリー、既知の分類そのものを疑問に付すことなのだ。フーコーは、監禁の現場である刑務所の中で何が起こったのか、現在刑務所の中で起こっていることの起源（あるいは彼がニーチェから借用した言い回しを使うなら「系譜」）はどこにあるのかを、歴史文書をあさって執念深く調べた。そして、これらのカテゴリーのどこにもすっきりとは収まらない領域を明るみに出した。

彼が示したのは、刑務所の中で起こっていることは、囚人を労働力として搾取する、あるいは囚人労働を通じて金儲《かねもう》けをする、といった「資本主義経済の目的」には回収できない、それこそ経済／文化／政治のどのカテゴリーにも収まらない何かだということだった。しかも見方によっては、三つのカテゴリーすべてを部分的に含んでいるのだ。

†「物質的」な次元への照準

フーコーが照準したのは、彼自身のことばを使うなら「物質的」な次元である。監獄で行なわれていること（つまりは規律化）は、人間の身体を効率よく用いるために働きかけがなされるという意味では、政治や文化よりは経済に近い、リアルでマテリアルな次元に関係している。だが、戦略的で戦術的な人間関係に関わり、また秩序を作るために被治者に働きかけるという意味では、政治にも関係している。そしてまた、規律の内面化と個人の形成、つまり自ら規律に服し、自分自身を規律化することにアイデンティティを見出す人間たちを描いている点では、文化の次元にも深く関わっている。

フーコーは既存の見方を変え、すでにあるカテゴリーを疑問に付す。彼は「価値を変える」のだ。だからそこに見えてくるものを、既知の枠組みや学術用語でとらえることはできない。フーコーの著作が難解だと言われるいちばん大きな理由はここにある。彼が見ている場所は見慣れた場所ではない。というより、見慣れた場所を全く見知らぬ場所へと変えてしまうのだ。

彼の言葉づかいが独特なのを、ジャーゴンを使いたがるポストモダンの流行思想の典型として嫌う人もいる。だが、フーコーがやろうとしたこと、見ようとした場所を理解するにつれ、他に適切な言葉がないからこそ、彼独特のレトリックを動員して、まだ誰も見たことがない世界を表現しようと特異な用語を駆使したことが分かってくる。しかもそれは、いったん彼の言いたいことを理解した上で読まなければ、ただのレトリカルな冗舌だと受け取られても不思議はない。

その意味で、フーコーの文章は魅力も迫力もたっぷりだが、言いたいことをシンプルな言葉で伝えるのはあまり得意でなかったのかもしれない。彼が言葉を尽くすほどに、その特殊な用語や言い回しに読み手は混乱し、何を言おうとしているのかますますわからなくなるという悪循環から、なかなか抜け出せないのだ。

だから一つ一つ丁寧に読み解いていかなければならない。そのためにはまず、すでに読者を辟易《へきえき》させた（あるいは興奮させた）かもしれない身体刑の世界に、再び舞い戻ることが必要になる。

第4章　身体刑は変則的でも野蛮でもない

†身体刑は野蛮ではない！

『監獄の誕生』は「規律について書かれた本」として紹介されることが多い。そのため、日本語訳では「規律・訓練」と題されている第三部が最も有名だ。これに対して第一部、第二部は長いプロローグ、第四部はエピローグのように扱われてきた。だが、これは分厚い本の要所を大急ぎで知りたがる現代人に起こりがちな間違いである。

そもそも本論が第三部なら前後が長すぎる。そこにびっしりと埋められた文字の分量からして、これらが単なる前置きやあとがきでないことは一目瞭然だ。そのうえ、これまで何度かこの本を大学の授業で取り上げてきて感じるのは、『監獄の誕生』を通じて近代の権力として広く知られるようになった「規律・訓練」をテーマとする第三部は、説明される側にとっては身近な具体例に結びつきやすく分かりやすいが、説明している方は途中で退屈してしまうということだ。たしかにフーコーは、第三部で規律とは何かを懇切丁寧に教えてくれるのだが、この部分は彼が得意とする「視点の転換」の契機が乏しく、またフーコー自身が自分の書いていることをあまりにも明晰につかみすぎているせいなのか、叙述が単調で多様な理解に開かれていない印象がある。

それに比べると、第一部、第二部、第四部は、読み手がフーコーの書く一行、選ぶ言葉一つから思考をめぐらすことで、この著書全体の可能性をさまざまに押し広げてゆくことができる。そこでここでは第一部について、それがいかに豊かな内容を含み、「身体刑の時代」を読者の前に生々しく投げ出してくるかを示したい。

フーコーはまたしても、私たちの思い込みを覆《くつがえ》すところから叙述をはじめる。彼は、拷問を含む身体刑は非合理な激情でもなければ原則を欠いた力の濫用でもないと言う。フーコーの表現を借りるなら、身体刑は「変則的でも野蛮でもない」(『監獄の誕生』三八頁)のだ。言いかえれば、それは規則にしたがっているという意味で合理的な体系をなしており、その意味で野蛮ではない。さらにその合理性は、丁寧に説明されれば異なった刑罰体系の中に生きる私たちにも理解可能なものである。

身体刑の世界と言われても、一部マニア以外にはあまりなじみがないかもしれない。だがたとえばヨーロッパ、とくにドイツ中世・近世の「刑吏」に着目した阿部謹也『刑吏の社会史』、江戸期の刑罰制度の確立と変遷を描いた石井良助『江戸の刑罰』など、身体刑中心の刑罰体系とその執行のありよう、そしてこれらを必要とした社会の特徴を描いた良書もある。また、ニュルンベルクの処刑人フランツ・シュミットの『ある首斬り役人の日記』、ダミアン処刑も務めた処刑人一家サンソン家を描いたバーバラ・レヴィ『パリの断頭台』などの手記や社会史的な記述、それにマニアが古今東西の拷問・刑罰を集めた資料本も含めると、実はこの手の本は意外に多い。

以下ではこれらも参考にしながら、フーコーが描く身体刑の世界を再現してゆくことにしよう。

†古典主義時代とは?

ヨーロッパでは中世盛期以降、都市の発展によって刑罰のあり方に変化が生じた。なかでもフランスでは、近世王権による中央集権化が進められたこともあり、刑罰は「君主の権力（主権あるいは至上権であると同時に物理的な力でもある）への侵害」という考え方を中心に組み立てられてゆくことになる。ここでは、君主に反発する者、その権利を侵害する者への厳しい処罰自体が、君主の力を見せつけ、その支配を民衆の末端にまで浸透させるための一つの道具となっていた。拷問・自白・刑の執行が果たした役割、また公開処刑における民衆の位置づけは、こうした基本的な状況を念頭に置くと理解しやすい。

『監獄の誕生』第一部第二章でフーコーが対象とするのは、一七世紀から一八世紀末の革命までの時期のフランスであり、法律制度としては一六七〇年の王令に集約され、実務としては「古典主義時代」と呼ばれるフランス絶対王政期の刑罰実践である。古典主義時代という言葉がどの程度一般的なのか分からないが、フーコーはよく使う。演劇ではラシーヌの悲劇、絵画ではプッサン（第II部扉の図版を参照）などが古典主義を代表しているようだが、私はこれらをまるで知らない。大ざっぱには旧体制とも呼ばれる絶対王政期のフランスを指すと考えておけばよい。全く見当はずれな連想かもしれないが、日本でなら「安土桃山時代」と呼ぶようなものだと私は理解している。

時代についてまどろっこしい説明をしたのは、身体刑も時代や場所に応じて一様ではないからだ。古代以来人間は多くの身体刑を考案し、実施してきた。たとえば、対立する部族に対してだけ実施される刑、嬰児《えいじ》殺しの女に対する特別な刑、中国王朝に伝わる独特の刑など、残虐さの点でも刑罰の意味としても一括りにできない数々の刑罰がある。一概には言えないが、絶対王政期より残忍で、また司法制度が安定しないケースもあり、社会的取り決めとしての法よりも「神明裁判」（燃える火の中に手を入れて火傷を負わなければ無罪といった証明法をとる裁判）に近い体制も多い。

だからここでは、絶対王政期のフランス、一方には中央集権と行政国家が確立の途上にあり、その頂点に君臨する王がいる国、他方に都市と商業の発展、それにともなって民衆騒乱が徐々に激しさを増しつつあるといった社会事情を抱える時代に話を限定しておく必要がある。

†究極の身体刑

さて、身体刑に戻ろう。「身体刑とは一つの技術である。だから法律を度外視した極度の激情と混同してはならない」（『監獄の誕生』三八頁）。こういう簡潔な文章を読むと、フーコーの思考がいかにダイレクトに核心に向かってしまうかが分かる。思考のスピードが速すぎるので、はっとふり返って読者のためにことばを足すのだが、それがますます読み手の混乱に拍車をかける。

だが、めげずにこちらも考えを進め、「究極の身体刑」を想像してみよう。究極の身体刑とは何だろうか。それは死刑ではない。というより、死刑にもさまざまな種類があり、命を奪うことだけでは、身体刑の極限的な姿にはならないということだ。

それはまず、計算され、熟慮された苦痛を生み出さなければならない。そのため死刑自体が、苦痛が最も少ないという意味で「ましな」処刑方法である斬首刑から、すでに紹介した四つ裂き刑に至るグラデーションをなしており、その間に絞首刑、火あぶり、車責めなどがある。ダミアンの例に見られるように、苦痛を増すためにこれらの主要な刑に他の副次的な刑が付加される場合もある。したがって身体刑は、死に至る時間を引き延ばし、その間に与える苦痛の量をコントロールすることで、罰の重さを調整する刑罰ということになる。

また、日本の「さらし首」のように、死後の身体を痛めつける刑罰が広範に存在した。なかでも極限的な事例をフーコー自身が挙げている。それは公開処刑の儀式の大部分が囚人の死後に執り行なわれるという不可思議な刑である。

まず、囚人は目隠しされ棒に縛りつけられて登場する。死刑執行人は鉄の棒で囚人のこめかみを殴ってすぐに絶命させる。これは意外にあっけないと思っていると、ここで「モルティス・エグザクトール mortis exactor」（ラテン語起源の「死刑執行人」。キリストの磔《はりつけ》の場面にも登場する。もとは処刑の儀式がつつがなく行なわれるよう配慮する役目だったようだが、ここでは処刑に際して熟練職人をイタリアから呼んできたことをほのめかしているのかもしれない）なる人物が登場する。この人は急いで死んだ囚人の喉元を掻《か》き切り、大量に出血させ、刑死した囚人の全身を血まみれにする。つづいてかかとの辺りで腱《けん》を切断し（身体を切り刻みやすくするためか）、胴体を開いて心臓、肝臓、脾臓《ひぞう》、肺を引っぱり出す。処刑台の上にはフックがついた杭《くい》が何本も用意されており、取り出した内臓を次々とそこに引っかけてゆく。さらに残りの胴体も切り刻んでは順にフックにかけてゆく。フーコーはこの光景を肉屋の陳列棚みたいだと評している。

私の語彙で言うとまるで『ヘルレイザー』の「快楽マシーン」使用後のシーンを思い出させ、モルティス・エグザクトールはピンヘッドのようだが、おそらくこれは死後になされる身体への侵害の極限に近いものだろう。ここまで無意味に見える残虐に対して、読者はもはや理由を推測する気にすらなれないかもしれない。

実のところ、この時代の刑罰においても死刑はごく一部で、ましてここで述べたような極度に残忍な処刑はきわめて稀だった。むしろだからこそ、それらが語り継がれてきたのだ。法文上では厳罰主義をとる場合も、しばしば運用によってより穏やかな刑を選択する配慮がなされた。有罪判決が下される場合でも、たとえば強盗の被害額を実際より少なく申告させるといったやり方で、刑が苛酷になりすぎるのを回避する傾向が見られた。また、恩赦《おんしゃ》による刑の減免もしばしば行なわれている。

それなのにこれまで極限的な事例ばかりを示してきたのは、決してフーコーが悪趣味だからでも、私が残虐描写好きだからでもない。「古典主義時代」の身体刑を理解するには、最も強烈な処罰、いちばん残忍な事例から入るのが適当だからだ。

†王の権力——死なせるか、生きるままに放っておくか

このことは、フーコーが近代以前の権力のスタイルとみなす事柄と関係している。『監獄の誕生』の翌年に出版された『知への意志』から有名な一節を引いておこう。君主の至上権は、「死なせるか、生きるままに放っておくか」(『知への意志』一七二頁)の形で行使される。そしてこうしたタイプの権力の頂点に位置するのが、「生命を奪い抹殺する特権」(生殺与奪の権利)だ。こうした権力のあり方、その行使のされ方を劇的な形で明示するの

が、身体刑の儀式、なかでも王殺しのような君主権力にとって最大の侵害に対して、王の側、秩序の側が見せる仮借《かしゃく》なき対応である。

『監獄の誕生』でも強調されているが、王の権力とはつまるところ「自らを見せる権力」である。王位につく際の壮麗な戴冠式《たいかんしき》にはじまり、征服した都市への入城式、隣国の要人を招いての饗宴《きょうえん》、一年を通じて執り行なわれる宗教上の祭礼など、さまざまな儀礼を通じて王が自らの姿を誇示し、その身体に重ねて王朝の力と繁栄を表現する儀式を、王権はさまざまな場面でくり返す。

ひるがえって囚人の身体とは、不可侵の存在である王の輝かしい身体のちょうど裏側にある。それは暗く、汚らわしく、権力の責めに対して無力で、完膚《かんぷ》無きまでに打ち砕かれなければならない。とくに重罪の場合は、王権はあらん限りの力で（そこには軍事的・物理的な力だけでなく、最も烈《はげ》しい処刑の儀式を想像し創り出す力も含まれる）犯罪者の身体を攻撃し、跡形もなく消滅させねばならなかった。犯罪は、それが引き起こす直接の損害（財産や生命の喪失）以上に、法の絶対的保障者たる王の権利の侵害へと結びつけられたからだ。したがって、重大犯罪であるほど王権の正統性に対する侵害の度合いが大きいことは明白なのだ。

逆に考えると、王権は些細《ささい》な罪にはそれほど興味を示さない。これが「死なせるか、生きるままに放っておく」の意味であって、近代以降の「生きさせる」権力（一人一人の生のあり方に介入し、より強く、より長く、より生産的に生きることを促す権力）とは全く違っている。後で詳しく取り上げるが、王の権力は、規律型の権力、たとえば子どものちょっとした「逸脱行動」を見逃さず、ほんの少しの「異常」を周到に監視し矯正することに細心の注意を払う権力とは対照的だ。

†拷問と自白と処刑――互いを強め合う体系

さて、王の絶対的な力を群衆に見せつけ、彼らの脳裏にその偉大さを刻みつける儀式として公開処刑を理解できるとする。では、それに先立ってなされる拷問に基づく自白、さらには証言あるいは伝聞証拠が重視されるという、身体刑の体系における他の側面はどう説明すればいいのだろうか。

拷問とそれに基づく自白の価値は、古代以来一様ではなかった。阿部謹也は『刑吏の社会史』で、本来ゲルマン法に拷問はなかったと指摘している。だが近世には大半のヨーロッパ諸国で、裁判における秘密主義、文書主義の原則が採用され、それらに基づく「糾問

inquisition」型の裁判制度が整備されてゆく。この糾問型の裁判は、キリスト教の異端審問をモデルとしたらしい。

そこでは、現代の裁判のようにたとえば被告と原告が対峙《たいじ》し、双方が主張を述べ合うといった場面はない。被告は誰に告訴されたかさえ知ることができなかった。弁護人もおらず、証言内容も、拷問と自白に関して何が文書に書き留められたかも一切知らされなかった。異端審問や魔女裁判で、正義がはじめから審問官の手に握られていたのと同様、糾問裁判は非公開で、真実の糾明、有罪の判定、刑の執行全体にわたって、正義はすべて司法当局の側にあった（秘密主義）。しかも司法官たちは直接自白や証言の場に立ち合うのではなく、それらに基づいて作成された文書に拠って判決を下したのである（文書主義）。

私は旧体制の司法制度のこの部分を、残虐な身体刑以上に恐ろしく感じる。真実がはじめから司直の手の中にある以上、被告に逃げ道はない。そしてこの制度において、逃げ道を断ち民衆を納得させる手続きの一つとして、拷問を通じた自白が位置づけられていたのだ。

ここで指摘しておきたいのが、この時期の刑吏は職業として拷問や処刑にたずさわったという点だ。[2] 彼らはプロフェッショナルで、フランスなど複数の国で死刑執行人は世襲だった（江戸期の日本にも同様の例が見られる）。この職業はしばしば蔑《さげす》まれ、処刑の際に手際が悪く囚人に規定外の苦痛を味わわせた場合には観衆が暴徒化することもしばしばで、命の危険すらあった。だが彼らはプロとして研鑽《けんさん》を積み、職業的義務を忠実に果たしていた。

したがって拷問自体、身体の扱いを心得、どのくらいやるとどの程度の苦痛に達するかを熟知した人体のプロによる、定められ、規則化された行為だったのだ。フーコーは拷問についてこれ以上詳述していない。その理由は、この時代の拷問が刑罰と地続きで、処刑の儀式は拷問の延長であり、逆に拷問は処罰の前段階としてその一部をなしたからである。つまりそこで用いられた技術は、さまざまな処罰のバリエーションと重なっている。

糾問型の裁判制度では、拷問を通じて被告の身体を傷つけ脅威を与えることで自白が引き出される。その自白が今度は裁判の真実を明かす何よりの証拠となり、被告が公衆の面前でそれを再度確認することは、権力と真実が結びついていることを示す絶好の機会となる。しばしば処刑の儀式の中で公然告白の形で自白が再現され、また囚人が自分の犯した罪を書いた板を首から提げさせられたのもこのためだ。

ダミアン処刑の際、馬がいくら引っぱっても脚が取れず、処刑人は四つ裂きが完了しないことに困り果てた。それでも人の手で大腿部を切り取るのを躊躇《ちゅうちょ》し、裁判当局もそれを不許可としたのも、裁判で定められた手続きを勝手に省略したり変更することが厳しく禁じられていたからだ。

†「証拠」の体系——近代以前の真理観

こうした裁判の「厳格さ」は、証拠についての独自の考えにも支えられていた。現在の裁判では、被告は有罪か無罪か、つまり犯行に及んだかそうでないかのどちらかだと考えられている。言いかえれば、半分罪を犯した、だから半分有罪で半分無罪などというのはありえない。量刑の問題ではなく、実際に犯罪行為があったかどうかの事実に関しては、これは当然の前提だろう。ところが当時は、半分有罪という状態が存在した。証拠の足し算によって罪の度合いが決まるという制度が採用されていたからだ。

たとえば証拠には、「完全な証拠」「半ば完全な証拠」「副次的な証拠」という区別があった。耳慣れない区別だと思うが、これは後で述べるとおり、中世から近世にかけて一般的だった「真実の度合い」についての考え方を反映している。

「完全な証拠」とは、たとえば複数の人物から同じ証言が引き出され、それが犯罪と被告とを強く結びつける場合を指す。血だらけのナイフを持った被告が部屋から出てきて、ナイフの傷を負った死体が残されていたという証言が数名から得られた場合などがこれにあたる。次に「半ば完全な証拠」は、目撃者が一人の場合や、目撃された状況が決定的でない場合にあたる。さらに、犯人についての噂や容疑者が逃亡したなどの事実は「副次的証拠」にすぎない。

また、証言の内容だけでなく誰が証言するかも重視された。神のことばが司祭の口を通じて語られるように、犯罪の真実を語る人間が聖職者、身分の高い人や金持ちの場合には、信憑性《しんぴょうせい》は高くカウントされる。身分が下がるにつれ信憑性の度合いは下がり、ホームレスの証言は無効だった。

証言の真実度が上がると、司法官はそれだけ厳しい刑を科すことができた。自白もその一翼を担ったが、一方で自白だけでは完全な証拠にできない決まりがあった。奇妙に見えるのは半ば完全な証拠二つで完全な証拠一つに匹敵するとされ、最も厳しい刑を選択できるという計算のやり方だ。副次的証拠もこれに準じて、積み重なれば半ば完全な証拠となる。これは何だかいいかげんな計算式のように見えるが、大陸系法学が中世盛期からルネサンスの間何世紀もかけて磨き上げてきた、れっきとした証拠法の体系に依拠したものだった。

また、目撃証言と伝聞証拠に頼り、物証そのものを重視しない「非科学性」も前近代的で非合理に感じられる。だが、現在で言う直接証拠(たとえば凶器)を証言や伝聞証拠の中に織り込み、誰が目撃したのか、誰がそれを凶器だと証言したのかを重視するやり方は、「権威」こそが真実の保持者だというこの時代の真理観の表現なのだ。その意味で、身体刑の体系は時代にふさわしい刑罰だったと言える。

近代の「科学的思考」によるなら、客観的事実を集め、実験や観察によって仮説を検証することが、科学的な意味で真理に近づく唯一の方法である。だが、中世からルネサンスにかけて、ヨーロッパでは別の真理体系が流通してきた。それは宗教界、とくに修道院が真理と知識を独占していたことに関係し、教会の権威が発することばこそ最高の真理だと主張する体系だった。そしてこれに、幾世紀にもわたって発展してきた証拠に関する計算式が付け加わり、近世王朝は糾問型の裁判様式を洗練させてゆくのである。

この独特の真理の体系について、フーコーは『監獄の誕生』執筆前のコレージュ・ド・フランス講義(「刑罰の理論と制度」一九七一―七二年の講義)で検討を加えている。また、イアン・ハッキングもちょうど同じころ、『確率論の出現』という本の中で、この時期の証拠概念がいかに近代以降の考えと異なるかを叙述している。

身体刑の体系は、まずは王が絶対的な権力を誇示する場だった。そこでの証拠調べの手続きや糾問型の裁判は今から見ると奇妙だが、当時の知と真理の体系に合致するやり方で組み立てられていた。それは時代が要請した司法制度の一部で、そこでは拷問に基づく自白も公開処刑も、それぞれの役割と位置を定められていたのだ。刑吏は身体的苦痛も人体そのものも知り尽くしたプロで、法典化された手続きに則って身体刑にたずさわった（近代学制の整備によって医師免許が大学へと囲い込まれるまで、彼らは人体の専門家として医師の役割も果たしていた）。

†群衆こそが公開処刑の主役

そしてこうした身体刑の体系、取り調べから刑の執行までが相互に呼応しあう一連の実践を完成させるために不可欠だったのが、処刑場に集まる見物人たちだった。彼らは陰の主役、あるいは処刑の儀式が届くべきは囚人でも死刑執行人でもなく、それを見に来る人たちだという意味では、文字通りの主役だった。群衆は処刑の儀式に恐怖し、王の権力の絶対性を心に刻み込む存在であると同時に、処刑の荒々しさとそこで起きた出来事の比類なさを他の人々に語って聞かせるメディアの役割も担っていた。公開処刑は彼らのために行なわれ、彼らぬきには存立できなかったのだ。

しかし、社会が変われば刑罰も変わる。そして騒々しい見世物としての身体刑の場において最初に社会の変化を体現したのは王ではなく、公開処刑の主役たる群衆、見物人たちだった。というのも、彼らの反応があまりに危険なものになってしまったため、こうした刑罰の儀式を続けること自体が難しくなってきたからだ。

では、処刑において欠くことのできない登場人物だった見物人たちは、どのような危険を呼び込み、さらにそれは、社会の変化、そしてこれまでの社会にはなかった新しい無秩序の予感を、いかに喚起したのだろうか。

第5章　啓蒙主義者は旧体制の何を批判したのか

†死刑囚が英雄になる

古典主義時代には、処刑台の周囲はとにかく騒々しい場所だった。はじめのうちそれは、正義と権力の確認の儀式、王の正義と民衆の正義とが見かけ上は対立しながら全体としてある秩序へと収まってゆくための儀式だったはずだ。だが徐々にこうした均衡は崩れ、騒乱の危険があまりにも深く秩序を傷つける恐れが出てきた。『監獄の誕生』から、まずはこのあたりの経緯を見ておくことにしよう。

前章で書いたとおり、処刑の儀式にとって不可欠な存在が見物にやってくる観衆だった。彼らぬきには処刑の公開は無意味、つまり誰も見に来なければ公開処刑は成り立たない。

だがこの種の心配は無用で、その残忍さに震え上がって見物人がいないといったケースは皆無だった。それどころか残忍で大がかりな処刑ほど満員御礼となり、場所取りの観衆が早くからひしめき合い、処刑場の周囲はごった返していた。人間が本来残酷好きかどうかは分からないが、スプラッター映画もインターネットもない時代のことだ。処刑当日は町中がお祭り騒ぎになって、人々は仕事を休み、居酒屋へとくり出した。

そしてこうした騒ぎは、祝祭につきものの「役割の反転」という機能を担っていた。死刑囚はしばしば恐るべき呪いのことばを叫び、宗教的・世俗的なあらゆる権威を侮辱する罵りを浴びせかけたが、どうせ処刑されるのだからそれ以上の咎《とが》め立てを受けようがなかった。囚人が連れてこられるのを心待ちにしていた群衆は歓声を送り、苦痛に身をよじる死刑囚を励まし、元気づけた。観客によく見えるよう高所に据えられた処刑台でこの世のものとは思えない声を上げる死刑囚は、まるで舞台上の主人公のように観衆の視線を一身に集め、敵の不当な暴力に耐える英雄として賞賛されることもあった。そうなると逆に、英雄となった囚人をそんな目に遭わせている司法権力へと非難が集中する。

とくに自ら手を下す処刑人は、ハイテンションになった群衆の恰好《かっこう》の餌食だった。たとえば斬首の際に囚人が暴れ、うまく絶命させられず中途半端に頭部を損傷させるなど悲惨なことになると、観衆は往生際の悪い囚人ではなく、首尾よく任務を果たせなかった死刑執行人を責め立てた。

たとえば、一七世紀末のアヴィニヨンで実際に起こったとフーコーが書き記しているのは、殺人犯の絞首刑を首尾よく済ませられなかった死刑執行人の末路だ。民衆は焦った処刑人が囚人に不当な苦痛を与えていると考え、投石して傷つけ、つかみかかって倒してしまった。処刑人は集団リンチの餌食となり、足蹴にされた後、小川に投げ込まれ、市中を引き回された挙句に助手ともども殺されてしまった。勢いづいた人々は処刑台を破壊して川に投げ込み、囚人は介助され手当てを受けるとともに、急いで恩赦が下された。

処刑人が手間取り、明らかな失敗が起こった場合はとくに、騒ぎが乱闘や処刑の妨害に発展することも多かった。こうした騒乱が極端になると、君主の力と至上性を劇的に示すはずの身体刑の儀式は、逆に権力への民衆の反感と死刑囚への同情に急転回する。高揚した民衆は暴力的な騒擾《そうじょう》によって、呪うべき権力に反逆した英雄的犯罪者を自らの手に取り戻そうとするに至る。

処刑台の周囲でくり広げられる騒ぎの噂が広まると司法当局は動揺し、危険が大きいと判断した場合には、軍隊を使って事前に民衆を遠ざけるといった公開処刑の意味をなさない措置もとられるようになった。他方で民衆は、権力への不満や反感が高まってきた場合には、当局から迫害される犯罪者を不当な支配に苦しむ自分たちと重ね合わせ、刑場では囚人を励まし、公然と権力を罵倒した。

†革命への不安?

遅くとも一八世紀後半には、処刑台の周りでくり広げられるお祭り騒ぎをめぐって秩序維持を望む人々の不安は高まり、至るところに改革の主張や請願が見出されるようになる。処刑につきものの権力と民衆との対決の図式、緊迫した局面、頻発する暴力的なぶつかり合い、予想に反する力の爆発とそれをもって秩序が破られるという事態、これらを避けなければとんでもないことが起こるという予感である。

こうした予感の背景にあるのは、膨れ上がる都市とそこに集まってくる無名で無数の民衆たちに対する不安、彼らは一度火がつくと何か突拍子もないことをしでかし、誰もそれを止められないだろうという恐怖心だ。だがこの不安は、はたして理由のあるものだったのだろうか。

その後の歴史の展開を知っている者の目から見ると、当時の富裕層、貴族やブルジョアジーの怖れは当然のことのように思われる。彼らは漠然と「革命への不安」を抱き、とどまるところを知らない無秩序と騒乱を怖れたのではないか。一八世紀のフランスでは穀物価格の急騰をめぐる暴動がくり返されており、上位権力に対して下層民が暴力的な抵抗を見せる機会が増していたのではないか。

一九世紀以降にフランス人が書いた文章を読んでいるとしばしばぶつかるのが、彼らの「共和国」に対する不思議な思い入れである。

たとえばパリ・コミューンで命を落としたウジェーヌ・ヴァルランという労働運動家は、コミューンからパリを奪還したティエールの軍隊に銃殺される前に「自分たちは未来の共和国のために素晴らしいことをした」と言った。彼にとって「共和国」とは、三万人のコミューン闘士を犠牲にし、自分を今にも銃殺せんとするヴェルサイユ政府軍とは全く別の存在だった。フランス共和国とは、王の首をギロチンで斬り落とし、現実に革命を起こした人々の歴史によって作られたものなのだ。王政を支持する王党派の復活を阻止し、教会の影響力を弱めることで命脈を保ってきたフランス共和国は、王政復古と帝政にはさまれながら激動の一九世紀を生き延び、共和国としてのアイデンティティを築き上げてゆく。

「革命」と「共和国」というこの二つの言葉は、フランスのイメージを大きく規定してき

ドラクロワ「民衆を導く自由の女神」(1830年)

た。自由の女神が死人を踏んづけんばかりに三色旗を翻し、胸をはだけて武装した人々を導く国。傍らには下半身裸で靴下も片方脱げたままの死人が横たわっている。このドラクロワの女神マリアンヌが国の象徴で、ドラクロワのこの絵がフランスで最も重要な愛国的絵画の一つであるなどとは、日本とは途方もない隔たりだ。日本という国は革命も共和国も経験したことがないのだから。

フランス人は革命以降も何かと言えばバリケードを築き、れんがを投げたり催涙弾を打ち込んだりなかなか気の荒い人たちだ。フランス民衆というのはいかにも血の気が多そうで、その起源が一八世紀の民衆騒擾のメンタリティにあると言われるとすんなり納得できる。

†犯罪と不安のミスマッチ

だが実際には、フーコーが『監獄の誕生』第二部第一章で指摘するところによると、荒々しく暴力的な流血の惨事は、一八世紀には減少傾向にあった。『監獄の誕生』出版は一九七五年だが、この本でフーコーは一九七〇年代に入ってから示された最新の歴史学の成果を用い、一八世紀の犯罪がそれまでのイメージとは異なり一七世紀ほど暴力的ではないことを指摘している。

それによると、飢えた赤貧の人々が暴走する形で起こっていた殺人や傷害など身体への危害を伴う犯罪が一八世紀には減少し、また大規模な強盗団や武装した密輸団なども姿を消しつつあった。これらの犯罪は、人目を忍んだ少人数の巧妙な犯罪や職業的な悪党による詐欺や盗みへと取って代わられつつあったのだ。

こうした変化は、犯罪を取り締まる側の変化とどのように関係しているのだろうか。フーコーは一七世紀以降の司法装置が、暴力的な犯罪にそれを凌駕《りょうが》する力の行使で臨むという方法ではなく、多様で巧みな介入法を取りはじめていると指摘している。まず、『狂気の歴史』で「大いなる閉じ込め」として描かれたような放浪の厳重な取締り。小さな違反を見逃さない法の網目の構築。ポリスの装置の導入による、大がかりな犯罪組織の追及と撲滅など。

これらの変化、そしてその変化自体が根ざしている社会そのものの変容、つまり生産力の発展、所有権の重視、富の増大など社会経済的条件の変化によって、犯罪もまた変わらざるをえなかったのだ。商品の生産と所有に価値を置く社会、そしてポリスの装置によって張り巡らされた監視網に囲まれた都市では、犯罪は綿密に計算されたプロの小規模集団による、人目を忍んだ商品や金銭の詐取を中心とするものになる。

暴力犯罪から盗みへの犯罪の変化、それと同時に起こる司法と行政の介入様式の変容。歴史学研究のサーヴェイなどを私が参照したかぎり、『監獄の誕生』出版当時は厖大な裁判資料の解読に基づく共同研究の成果が、フランス各地で出はじめたころだった。そのなかでフーコーが示したような変化は、大まかな趨勢としては歴史学の世界でも認められつつあったようだ。

さらにフーコーは、当時の言説の中に「犯罪が増えている、しかも凶悪犯罪が頻発している」という主張がしばしば見られると指摘している。大窃盗団が村々を襲い、いなごの大群のようにすべてを食い荒らしている。この手に負えない犯罪者集団を何とかしないと大変なことになる。当時は犯罪統計もなく、風聞に基づいてこうしたイメージが固定化され、不安がかきたてられていたのかもしれない。

殺人などの重大犯罪が増えなくても「体感治安」が簡単に悪化することは、最近の日本で起きた同じ現象を思い起こせば納得できる。このときは、統計を使ってそうした不安に根拠がないといくら説得されても、体感治安はなかなか改善せず、人々は限られたイメージ、とくにメディアが取り上げる重大凶悪事件から感じた不安を拠り所に厳罰化を支持しつづけたのである。

†啓蒙主義者は権利を剝奪する

話を整理すると、一八世紀末に要請されていたのは次の事柄だった。まず、処刑をめぐる暴力的な対決をやめさせ、囚人と公権力とが対峙する場の視覚化を避けること。それによって、民衆の権力への反感が処刑台の周りでの騒擾と無秩序に発展するのを阻むこと。そしてまた、相対的に増えつつあった盗みや詐欺、つまり商品から利益を得るブルジョアジーにとって死活問題であった、所有権を侵害する新しいタイプの犯罪に有効な対処法を示すこと。さらに、当時支配層の間で高まっていた「増えつづける大規模な組織的強奪への不安」を取り除き、彼らが信じていた「安全への脅威」に対処すること。

フーコーの考えによるなら、「啓蒙主義の刑罰改革」はこれらの要請に応えようとする意図で提示されたものだった。それは文明が進歩してやっと人間たちが真に人間らしい段階に到達し、身体刑の野蛮さに気づいて自らを恥じ、また死刑囚を思いやるようになったことからくる改革ではない。

フーコーの言い分を直截《ちょくせつ》に翻訳すると、啓蒙主義者は人道主義でも何でもなく、司法権力の非効率、惹起《じゃっき》される無意味な対立と騒乱、新しい犯罪への不十分な対処など、一言でいえば身体刑の時代錯誤を批判した。そして、より有効に人を裁き犯罪を飼いならす方法を考案しようとしたのである。つまり、より良く裁くとはより人道的に裁くことではなく、より上手く裁くことを意味していたのだ。

啓蒙主義のこうした位置づけは、刑務所の中で規律型の権力が作用しているという、有名になりすぎて今では秘密でも何でもなくなってしまった『監獄の誕生』第三部の主張よりもずっと直接的に、西洋近代の価値を貶《おとし》めている。第二部は近代主義者を愚弄し、その繊細な神経を逆なでする表現の宝庫だ。

フーコーによると、啓蒙主義の刑罰改革案とは権利のための闘争ではなく、諸権利を剝奪するための闘争だった。啓蒙主義者たちは力をつけてきたブルジョアジーの手先であり、彼らの邪魔になる旧弊の露払いの役目を負ったにすぎない。ブルジョアジーは多方面から旧体制の秩序を攻撃したが、犯罪と刑罰という回路を通じて彼らが攻撃を加えたのは、一方で処罰権を行使する王であり、他方で危険な犯罪予備軍とみなされるようになった下層民だった。

彼らはまず王の特権に批判を向け、返す刀で下層民の権利を槍玉《やりだま》に挙げた。ブルジョアジーにとって目障りな頂点と最下部の二つの階層、社会構造の変化によって今や邪魔者となった二つの階層から特権＝自由＝力を同時に奪うために、啓蒙主義者は哲学的、修辞的な装飾を施して、「旧態依然たる」刑罰の非合理を批判したのだった。

こうしてフーコーは、啓蒙主義の輝かしい達成であるはずの人間の権利、自由、法の支配などを、この歴史的文脈では全く評価しない。彼のこうした立場は、これまで辛辣《しんらつ》な近代批判として理解されてきた。ただしその理解はしばしば、フーコーを単に近代嫌いのポストモダンの典型として片づけることとセットになってきた。このような拙速な理解では、フーコーの嗅覚が古典主義時代をどうとらえていたかは視野に入ってこない。実際にはここでも、『監獄の誕生』を読む鍵、そしてフーコーの近代像に迫る鍵となるのは、近代ではなく古典主義時代なのである。

†絶対王政期フランスの社会構造

このことを理解するため、古典主義時代の社会のあり方を、二宮宏之「フランス絶対王政の統治構造」に拠って説明しておきたい。フーコー自身『監獄の誕生』第二部第一章で同じテーマを扱っているが、例によって彼が割く紙幅と労力に反比例するかのように、内容を理解するのは至難である。実は私も二宮氏の労作に接してはじめて、ここでフーコーが言っていることが腑《ふ》に落ちた。そこで読者にもこれを追体験してもらえればと思う。

二宮氏はまず、太陽王ルイ一四世の肖像画やヴェルサイユ宮殿の映像から私たちが想像する、「絶対王政の古典的イメージ」について述べる。それは、「国王が絶対的な権力を手中に収め、自らの意のままとなる厖大な官僚群と、ヨーロッパ一と謳《うた》われた強大な常備軍とによって、王国のすみずみまで強力な支配を及ぼして行った」(「フランス絶対王政の統治構造」一一五頁)という、中央集権と絶対的な権力のイメージである。

だが、当時のフランスについてきちんと検討してみると、これはさまざまな点で誤った印象にすぎないことが分かる。まず、国家が領域的に一体であったということ自体怪しい。多くの地域で封建領主支配が続いており、王家の支配地域拡大も、婚姻などによる領土相続の形で行なわれた。また、地方独自の法や身分特権が存続し、売官の慣習によって官僚ポストも私的財産の性格を保持しつづけた。軍隊も官僚制同様ポストの売買が行なわれ、租税制度に至ってはその複雑さと地域慣習の多様性から一般的傾向を把握することすら難しい。

したがって、「絶対王政期の権力構造をその諸側面にわたって検討してみるならば、それが表面的には中央集権的な統一国家の相貌を呈しながら、その実態においては、伝統的社会の構造に規制され、それに適合する形で独自の権力秩序をつくり上げていたことが看取される」（同一二七頁）という結論に達する。

また地理的な区分については、政治行政上の管轄だけをとっても、司法、軍事、租税、行政それぞれ別個に管区が存在し、これらが場合に応じて使い分けられ、錯綜《さくそう》した様相を呈していた。

職業による区分は中世以降確立してきたものだが、祈る人、戦う人、働く人と、ときにこれらをまたぐ複雑な下位区分へと分岐していた。たとえば、僧侶の中で在俗聖職者と修道聖職者、高位聖職者と下位聖職者をごちゃ混ぜにすることはできない。貴族についても、宮廷貴族と地方貴族、法服貴族と武家貴族との対立はよく知られている。商人や職人・農民層に至っては、貧富の差や生活様式の多様性が顕著で、金融業者、徴税請負業者、大貿易商人、中小商人、手工業者、農民、そして農民の中でも富農と貧農、日雇農まで、さまざまに分化していた。

これらの集団が法人格を付与されると社団 corps となる。しばしば言われるのは、旧体制における自由は個人の自由ではなく社団の自由で、さらにこの自由を言いかえると各社団に排他的に認められた特権だったということだ。こうした諸特権の重なり合いとして旧体制をとらえるなら、「絶対君主は原理的には、法の拘束から解き放たれているがゆえにその名があるにしても……、現実には、多様な中間団体を媒介にしなければその統治を実現することができなかった」(同一四八頁)という結論にも同意できる。

だが、啓蒙主義の刑罰改革案が出てきた一八世紀には、こうした旧体制の秩序は動揺を来しつつあった。最も大きな要因は農村の土地所有の変化と都市産業の胎動による人口分布の変化である。

農村における土地の買い占めによって仕事も住む場所も失った人々が都市を目指す。都市に新参者が流れ込むことは、これまで同業組合によって結びついてきた都市住民の絆が動揺することを意味する。また都市では、親方への昇進が難しくなった職人や徒弟が作った独自の集団が親方集団にしばしば反旗を翻すようになり、これが職能共同体を脅かしはじめる。一方、都市に収容しきれず、城壁の外にあふれた放浪者や脱走兵など周縁を生きる無宿人たちは、既存の秩序にとって大きな不安要因となった。

社団秩序の動揺はより上層にも広がっており、かつては貴族身分に成り上がるのを熱望した商人層が自らの身分をそのまま肯定するようになると、貴族の没落と有名無実化に拍車がかかる。こうした変化によって、中間団体を取りまとめることだけでは秩序を維持できなくなった王政は、地方長官（アンタンダン）や公道警察（マレショセ）を通じて統治機能を強化しようとしたのである。

†所有権を侵してはならない

以上が主に二宮論文に依拠した旧体制の社会構造上の特徴である。フーコーによるなら、啓蒙主義の刑罰改革構想が攻撃したのは、こうした旧体制特有の複雑さそのものだった。

とくに司法装置の多元性により処罰の効率が悪くなっていることを、恣意性や専断として非難するとともに、王の権力がそれらの特権を凌駕して王国全体にその力を浸透させようとすることも、残虐な身体刑の多用や裁判の恣意性や気まぐれの原因として論難した。要するに、王の権力は社団国家を構成する複雑な諸特権と別種のものではないとされ、非効率、不透明、閉鎖性、分かりにくさ、外部との没交渉といったそれらの特徴をすべて分け持ち、その上、最も頑強で恣意的な専断の極みであるととらえられ、拒絶された。

また、下層民が得ていた些細だが生存に不可欠の特権も、ブルジョアジーにとっては目障りな慣行だった。「身分社会の恩恵から最も遠ざけられた社会層の人々は、原則的には特権を持たなかった。だが彼らは、法と慣行による強制の周縁部分に、自らの力や執拗さによってある種の黙認された場を獲得し、そこから恩恵を受けていた」(『監獄の誕生』八五頁)。

これは厳密には特権ではないが、法が字義通りに実施されない、あるいは慣例として黙認されているという点では、特権と同じ機能を果たす。そしてこの事実上の特権が、ブルジョアジーにとっては私的所有権の例外なき保障への脅威となる、盗みや略奪、暴動と地続きであったために、放置できない危険となっていたのだ。

村落共同体における土地境界の曖昧さ、共有地の管理に際して薪や落ち葉を拾うなどの小さな恩恵など、それ自体が特権の網の目であった農村生活に根ざしている、私的所有とは相容れない行動様式は、所有権という「万人共通の」権利が守られるために、禁じられ罰せられる必要が出てきたのだ。

またたとえば、職人や徒弟が親方層や同業組合に対して特権破りを行なう場合、ブルジョアジーは彼らの側に立ってこれを奨励した。ところが身分社会に根ざした親方層の既得権がひとたび力を失うと、ブルジョアジーは一転して下層の人々に攻撃を加え、労働者や貧農、都市の下層民にいかなる特権も団結の契機も与えまいと精力を傾けたのである。

したがって、ブルジョアジーを除く旧体制下の諸集団すべてを標的にする新しい刑罰は、何を措《お》いても効率重視で建前としては万人に等しく適用される、明快で分かりやすい体系でなければならなかった。しかも当時の犯罪の変化に対応して、身体への侵害である暴力よりも財産への侵害である盗みに対してより効果的な刑罰が求められた。

では、この啓蒙主義の刑罰改革構想とはどのようなものだったのか。さらにそれはいかなる意味で身体刑とも監獄とも異なる「第三の刑罰体系」だったのか。これを次に見てゆくことにしよう。

Ⅲ 規律権力

祈る囚人の図(アル‐ロマン『懲治監獄の計画』(1840年)〔『監獄の誕生』口絵21〕より)

第6章 啓蒙主義か規律か

†近代刑罰の二重性

フーコーは次々にわれわれの「思い込み」に揺さぶりをかけるが、今問題になっているのは、監獄への閉じ込めを中心とする刑罰が、啓蒙主義の思想と一致しているという思い込みだ。

そこではしばしば、近代の刑罰は自由を、そして自由のみを剝奪する刑である、なぜなら自由こそが、近代が掲げる最も重要な価値だからだという理由づけがなされる。これに対してフーコーは、監獄への閉じ込めは本当に近代啓蒙主義にふさわしい刑罰で、その思想の中で育まれ、実現したのか、監獄は本当に自由のみを剝奪するのかと問いかける。

ためしに啓蒙主義的刑罰思想の模範と言われる、ベッカリーア『犯罪と刑罰』(一七六四)を参照してみよう。誤解のないように言っておくと、フーコーは、ベッカリーアをはじめとする啓蒙主義者の身体刑批判は無意味だ、あるいは何の内容もないとは言っていない。啓蒙主義者は、旧体制の裁判が多元的な法と複雑な司法機関に拠っていること、しかもしばしば例外を作り、決定プロセスも煩瑣《はんさ》で分かりにくい上、権力者の裁量や専断に影響を受けやすいことを批判した。こうした批判は法の支配、裁判系統の一元化、罪刑法定主義、要するに法に基づく公明正大な処罰の提案と結びついており、被告人の人権の擁護と相即して、刑罰体系に大きな変化をもたらした。

つまり、裁判における法の優位と訴訟手続の一元化、人権の尊重といった点では、近代の刑罰改革は多くを達成したと言ってよい。だが問題はそれ以外のところにある。というのも、刑の種類の決定、そして判決が言い渡された後の刑の執行においては、啓蒙主義者が好きな法の支配も人権の尊重もあまり関係がなく、まったく別種の出自(系譜)を持つ人間管理のテクニックが幅を利かせることになるからだ。フーコーは近代の刑罰に特徴的なこの二重性を強調し、『監獄の誕生』でその謎を解こうとする。

†処罰都市――犯罪と刑罰の結びつきは分かりやすい必要がある

さて、ベッカリーアが刑罰の原則について述べているのは、『犯罪と刑罰』第一九章「科刑は、なるべく迅速に、また公開でなされねばならない」においてである。刑が早く決定されるべきなのは、一つはそれが被疑者のためになるからだ。未決拘禁による被疑者の不安を少なくし、また自由の喪失を防ぐことは重要だ。それと同時に、一般の人々が犯された罪と科される刑罰との間に明確な結びつきを見て取るためにも、迅速な科刑が必要になる。つまり、犯罪と刑罰とが人の心の中で自然に結びつくことが重視されている。

この目的のためにベッカリーアが推奨するもう一つの事柄は、「刑罰の性質をできるだけ対応する犯罪に似たものにする」（『犯罪と刑罰』一一二頁）ことだ。彼の信念によると、刑罰はそれを受ける者にとってはできるだけ残酷でなく、他方で刑の執行を見る者にとってはできるだけ効果的でなければならない。いつ犯罪者になるか分からない程度の知恵しかない一般人の頭でも理解できる明瞭簡潔な刑を科すことで、彼らが犯罪の誘惑にさらされたときにすぐさま刑罰のしっぺ返しを思い浮かべ、両者を比較考量して犯罪行為を思いとどまるようになれば、それこそが効果的で有益な刑罰ということになる。

この原則からすると、比較的軽い罪に対して当時しばしば科されていた禁錮や遠隔地での隷役は、人々の目に触れないため無意味となる。多くの人が手を染める危険があるありふれた犯罪ほど、速やかに、しかも公衆の面前で処罰される必要があるからだ。

要するに処罰とは、罪を犯した本人より、むしろそれを眺め、また将来犯罪に走るかもしれない一般大衆に向けたものなのだ。だからこそ、彼らが等しく持つはずの、それほどすばらしくも明晰でもないかもしれない普通一般の能力で理解できる範囲で、犯罪と刑罰が分かりやすく結びついていることが重要になる。

犯罪に対して刑罰が軽すぎるなら、人はチャンスがあれば何度も犯罪を企てるだろう。逆に重すぎれば「恣意的な権力行使」という旧体制に向けられたのと同じ批判を浴びせられる。また刑罰が犯罪の種類と無関係なら、なぜその刑罰でなければいけないのか一般人には理解できない。そのため恣意的な刑だという非難が生じかねない反面、逆に刑罰が過小評価され犯罪抑止につながらない危険も生まれる。

こう書くと、監獄が啓蒙主義的な刑罰改革の思想にそぐわない可能性があり、それとは異質なことが何となく分かると思う。前に書いたとおり、現在の日本では詐欺でも窃盗でも、薬物濫用でも殺人でも、人は刑務所に入る可能性が高い。死刑と罰金刑は存在するが、前者は殺人を含む重い罪の場合、後者は軽犯罪の一部や過失の場合に用いられるにすぎない。犯罪と刑罰が一般人の頭の中で速やかに結びつくとはとうてい言えないのだ。

では、人々の頭の中で刑の執行を見れば犯罪が目に浮かぶような刑罰とはどのようなものか。これについて、ベッカリーアは具体的なことはあまり書いていない。『監獄の誕生』で挙げられた例によると、たとえば当時のフランスでは、商品を村々へ運ぶ荷馬車が襲われる強盗事件が非常に多かった。こうした罪を犯した人間たちは、自分たちが盗みをくり返した道路の改修、つまり公共土木工事に処せられるべきとされた。

また、より一般的には、たとえば労役刑が遠島ではなく公衆の目に見える場所で実施されるべきとされたのも、刑罰を公共の場で見せることの重要性と関係している。つまり、処刑は見せしめでも祝祭でもなく、刑罰についての学校であり教科書であるべきなのだ。人々は子どものころから処罰の実践を目の当たりにすることで、法の正しさと受刑者の罪深さ、そして法は犯罪を絶対に見逃さず、つねに迅速かつ適切に処罰することを理解するのだ。

こうした刑罰体系が実践される場を、フーコーは「処罰都市」と表現している。「交差点、公園、改修される道路や新たに造られる橋、皆に開放されたアトリエ、見学者が訪れる鉱山などが、懲罰の無数の小さな劇場となる。犯罪に応じて法が定められ、犯罪者に応じた罰が科される。目に見える刑罰、おしゃべりな刑罰がすべてを語り、説明し、正当化し、人々を説得するのだ」（『監獄の誕生』一一七頁）。

†記号としての刑罰

フーコーファンならすでに気づいているかもしれないが、ここでのフーコーの啓蒙主義の犯罪と刑罰についての説明は、どこかで読んだ話と似ている。そう、『言葉と物』で示された古典主義時代の知の様態と、その構造がとてもよく似ているのだ。『言葉と物』の最もすばらしい章の一つである第三章「表象すること」において、彼は古典主義時代の「エピステーメー」として、記号（シーニュ）によって司られる思考様式を描き出した。なかでもほれぼれするのが、第四節「二重化された表象」で、ここを中心に全体を読んでゆくと、難解な『言葉と物』もある程度理解できるのではないかと思う。

どこまで相似的に語れるか分からないが、『言葉と物』の用語を使うと、刑罰は犯罪の記号、あるいは記号の中のシニフィアンと呼ばれる能記である。刑罰を見れば人の頭の中で犯罪が思い浮かぶということは、犯罪とは刑罰という記号において意味されるもの、すなわちシニフィエ（所記）である。シニフィアンやシニフィエ、また記号という用語自体、八〇年代のアイドルの歌を聴いた時のような懐かしさがあるが、ここでは啓蒙主義の犯罪と刑罰についての考え方がまるで記号の体系のように叙述されていることに注目してほしい。

刑罰は、いつでも人々がそれに対応する犯罪を脳裏に再現し表象する（思い浮かべる）ことができる記号でなければならない。そしてそれ以上のものであってはならない。刑罰が過剰であること、頭の中で自然に犯罪と結びつかないことは、それが記号としての役割を逸脱していることを意味する。たとえば「犬」という言葉（音あるいは文字）に接しても、四本足で歩きしっぽを振り、暑いときにはあはあいう哺乳類以外の何かを想像してしまう場合と同じだ。そうなると、「犬」という言葉はすでに記号として成立していない。刑罰についても同じで、犯された罪がすぐに念頭に浮かばなければ、記号としての役割を果たせないのだ。(3)

†不自然にも監禁が主要な刑罰となった

ここまで述べてきたことから、フーコーが古典主義時代の刑罰に別の新たな側面を付け加えていることが分かる。『監獄の誕生』では身体刑の批判として「近代」の側に位置づけられているように見える啓蒙主義の刑罰体系は、ここでは彼が『言葉と物』で古典主義時代の思考様式（エピステーメー）と呼んだものの一例であるように見える。

他の著作も併せて見た場合、彼の時代区分にはつねに曖昧さがあり、しかもそれを整合的に説明するために図式化することをあえて避けている。この点についてここでは詳しく検討できない。だが少なくとも言えるのは、古典主義時代末期、言いかえれば近代の入口にあたる一八世紀後半には、刑罰に関して三つの体系があったということだ。一つはすでに時代遅れになりつつあった身体刑の体系。二番目がこれまで述べてきた、刑罰と犯罪を記号として結びつける啓蒙主義の体系。そして三番目が監獄である。そこでここからは、二番目と三番目の体系がいかに違っているかを見てゆくことにしよう。

一八世紀の間、啓蒙主義者たちによって主張されつづけてきた刑罰改革。フランスに近代の自由主義的制度をもたらしたとされる、馬上のフランス革命完成者ナポレオンが、これを無視することなどありえただろうか。ナポレオンは法典編纂《へんさん》に精力的に取り組んだが、なかでも最も名高い民法典において、信教の自由、教会と国家の分離だけでなく、私的所有権の保護、職業選択の自由などの近代的な諸権利を保障している。

ところが一八一〇年のナポレオン刑法典では、「死刑と罰金刑を除くと、たしかに形態は複数あるが、監禁が想像しうるほぼすべての処罰を占めている」（『監獄の誕生』一一九頁）。そして刑法典に則って、中央集権化され一元的なヒエラルヒーに貫かれた監獄が、フランス全土に建設されることになる。

これは実に不思議なことだ。というのも、それ以前には監禁は刑罰とは認められておらず、刑が執行されるまでの間被疑者を閉じ込めておいたり、あるいは拷問を加えて真実を自白させるための一時的な措置だと理解されていたからだ。しかもフランスでは、王権にとって不都合な政治的主張をする者や、秩序を乱すが法を犯したとは言えない者たちを、勅令によって、あるいは封印状と呼ばれる国王命令によって秘密裡《ひみつり》に監禁する場として用いられたため、獄舎は啓蒙主義の価値観を信奉する人たちにはとりわけ評判が悪かった。

つまり、刑とはみなされず恣意的で法を迂回《うかい》する処罰とされた監禁が、瞬く間に主要な刑罰になるというのはとても不自然なことなのだ。この不自然さは、啓蒙主義者のプランと対比することでさらにはっきりする。

†監獄と啓蒙主義の刑罰体系はどう違うのか

啓蒙主義の刑罰体系においては、人々が罪と罰とを頭の中で即座に結びつけることが何より重要だった。したがって、刑罰が作用する場は一般人の頭の中ということになる。これに対して、後で詳しく説明する規律を中心とする監獄での処罰は、身体を主要な場としてくり広げられる。ここでは人の身体、行為や行動、それに結びつくかぎりでの「心」に対して働きかけがなされる。重要なのは、啓蒙主義者が考えたように人間の良識（常識＝コモン・センス）に訴えることではなく、むしろ人の身体と心を矯正することになる。

また、刑罰に用いられる手段も異なる。啓蒙主義者は記号の体系、そして頭の中での記号間の結びつきをもっぱら重視した。だが監獄では、くり返される訓練、反復される運動、小刻みに決められた時間割、つまりは身体を規律化するための諸手段が、矯正という目標達成のために用いられる。

そして刑罰の目的については、啓蒙主義では自立的で判断力に長け、物事の善悪を自分で決められる、つまりは良識を持った人間の育成が目指されている。これに対して監獄では、服従する人間、反復運動によってたたき込まれた動作を即座に行ない、上下関係の中で速やかに服従の態勢に入れる人間を作ることが目指されている。

啓蒙の感覚的なイメージは「光」だ。それは無知すなわち暗闇に置き去りにされた者たちを導き、光によって照らし出すことを使命とする。そのため刑罰においても、誰にでも公開されていること、隠し立てのないこと、透明で例外を許容しないことが重要だった。ところが、監獄では不透明さと隔たりを用いた刑罰が実践される。それは壁で仕切り、外部から隔絶した空間を形づくる。受刑者は一般の人々から遠く隔てられているだけでなく、受刑者相互も厳格な区割りによって空間的、時間的に隔てられる。

このように、両者の共通点は処罰権力の非効率を解消するという目的以外あまりなく、むしろあらゆる面で対照的だ。啓蒙主義者が目指したのは「処罰の都市」、公衆の面前で犯罪と刑罰の学校となる処刑風景がくり広げられる都市だった。そこに隠されるべきものはなく、隠すことは処罰の恣意性への疑いを強める負の効果しか持たない。

一方監獄における処罰が目指すのは、閉ざされた場での矯正である。それは一般人とは隔絶された場所で、というより処罰を受ける者がそれを加える者以外と接触することをできるだけ避ける形で、力関係の違いの中で服従の習慣を身につけさせることを目指している。したがって、処罰が念頭に置くのは見物に来る第三者でもなければ、一般人の常識でもない。それが訴えかけるのは受刑者自身であり、標的となるのは受刑者の身体とその行為、そして行為を生み出す「心」なのだ。

この違いはおそらく、刑法思想史において一般予防と特別予防という名で区別されてきたことと重なる。前者は、処罰が及ぶ当人ではなく社会一般の人々に対する予防の効果を刑罰の第一目標とする。後者は犯罪者の矯正を目指し、何よりも受刑者自身の改心と再犯の防止を目標とする。もちろん、監獄には前者の一般予防の効果も期待されており、現にその効果があるという主張も見られる。あるいは、犯罪と刑罰の一対一対応という、厳密な意味で啓蒙主義にふさわしい刑罰を考えるなら、それは一般予防ではなく応報刑の体系になるという考え方もある(4)。

†監獄はどこから来たのか

だがもう少し大きな視野でとらえると、監獄がまず一般人への威嚇と予防を目指しているとは考えにくい。監獄は秘密裡の強制的な権力行使によって人間を矯正する処罰の場であり、何よりも受刑者本人の身体と行為に作用するのだ。

ではこの特異な刑罰、近代を画するとされる啓蒙主義とも人道主義ともおよそ縁遠いこの処罰技術は、いったいどんなもので、どこから来たのか。

本書のこれまでの叙述では、古典主義時代末期の処罰実践として、身体刑、そして啓蒙的な刑罰の記号体系があったことを示してきた。これらが体系化されたのと同じ古典主義時代に、多数の人間たちを効率よく管理し、騒乱と混沌を秩序に変えるための技術が、刑罰とは別の文脈で磨き上げられていたのだ。それはさまざまな場所からやってきた、高尚さとは縁遠い小さな技術の寄せ集めだった。だが、ヨーロッパが置かれた特殊な歴史的地理的環境の中で、近代国家の形成と発展が至上目標となるにつれて、秩序形成のための一大技術として活用されるようになる。

この技術はいったいどのような特徴を持つのか。それはどこから来たのか。言いかえれば、規律の系譜をどこにさかのぼるべきなのか。そしてなぜその技術が監獄へと導入されることになったのか。これらの問いに答えるために、これからフーコーの壮大な「西洋近代の統治技術史」に分け入ってゆくことにしよう。

第7章　空っぽの頭と自動機械

†活動的に服従する——規律権力とは何か

　規律とは何か。それはどんな特徴を持ち、主にどんな場所で用いられてきたのか。『監獄の誕生』第三部には、答えがてんこ盛り状態で詰まっている。そこでこの章では、主に第三部第一章「従順な身体」および第二章「よき訓育の手段」を参考に、フーコーが「規律権力」に与えた共通の特徴をふり返っておこう。

　ちなみに第三部第三章のタイトルは「一望監視方式」と訳されており、パノプティコンを主題としている。ここは『監獄の誕生』の中で一番有名な章だが、規律権力そのものというより、それが特定の閉鎖空間を超えて普及してゆく近代特有の事情が主題となっているため、次章で別に論じることにする。

　第一章「従順な身体」冒頭で、規律権力の一般的な特徴づけがなされている。この権力は、人間が潜在的に持つ力を最大限に引き出そうとするのだが、それと同時に従順さと制御しやすさを高めるという特徴を持つ。普通に考えると、力のある人間、あるいは人が大きな力を発揮する場合には、それだけ命令をきかなくなったり、暴走したり、既存の秩序をはみだす可能性が増す。戦国武将の時代が下剋上《げこくじょう》だったのも、戦闘社会ではしばしばこうした力学が作用するからだ。

　これに対して、規律型の権力に慣らされた人間は、身体の細部に至るまで生産性を高める訓練を受け、その意味では高い能力を身につける。だがそれと同時に、命令への服従、秩序への半ば無思考の従属を受け容れている。上官のかけ声一つで定型化された動作をくり返す兵士、教室で一心不乱にノートをとる生徒、私語もなく流れ作業に従事する労働者などを思い浮かべるとよい。

　その意味で規律とは、言ってみれば人を「活動的な服従」の状態に置き、なおかつその状態を目的に応じて維持するためのテクニック全体を指すということになる。しかし、人から思考力を完全に奪い生きる気力を失わせるのでなく、活動力を保ったままで、そしてその意味では生の目的や生きがいを奪い取らない形で、従順で御しやすい状態に置きつづけるのはかなり難しいことだ。とくに、剣による権力のように必要な時だけ脅して何かを奪う（生産物であれ生命であれ）のではなく、服従の状態を持続させ、そこから何かを引き出しつづける（労働力であれ秩序そのものであれ）のは、簡単なことではない。『監獄の誕生』第三部は、この目的を達成するために編み出された規律のテクニックを特徴づける試みである。第一章は、「身体」「空間」「時間」をどのように配分することで、力の増大と秩序形成とが同時に達成されたかを描いている。

これらは私たちにも身近なもので、たとえば学校の空間配置と刑務所との共通点を思い浮かべればよい。教室内での机の配置や校庭での整列などを通じて、身体動作の細部を規律化することで生徒の動きを秩序立ったものにする試みなど、たいていの人が学校で経験し、不愉快な思いをしたのではないか。またたとえば、運動会の練習で炎天下にくり返した奇妙な行進が、日本の刑務所では誇張された姿で毎日行なわれている。(5) また、ホラー映画の舞台として夜の学校と病院がしばしば使われるのも、両者の建築様式と用途に共通点があるからだ。

規律権力が用いる空間的な配置の特徴は、『監獄の誕生』の口絵でだいたいつかめると

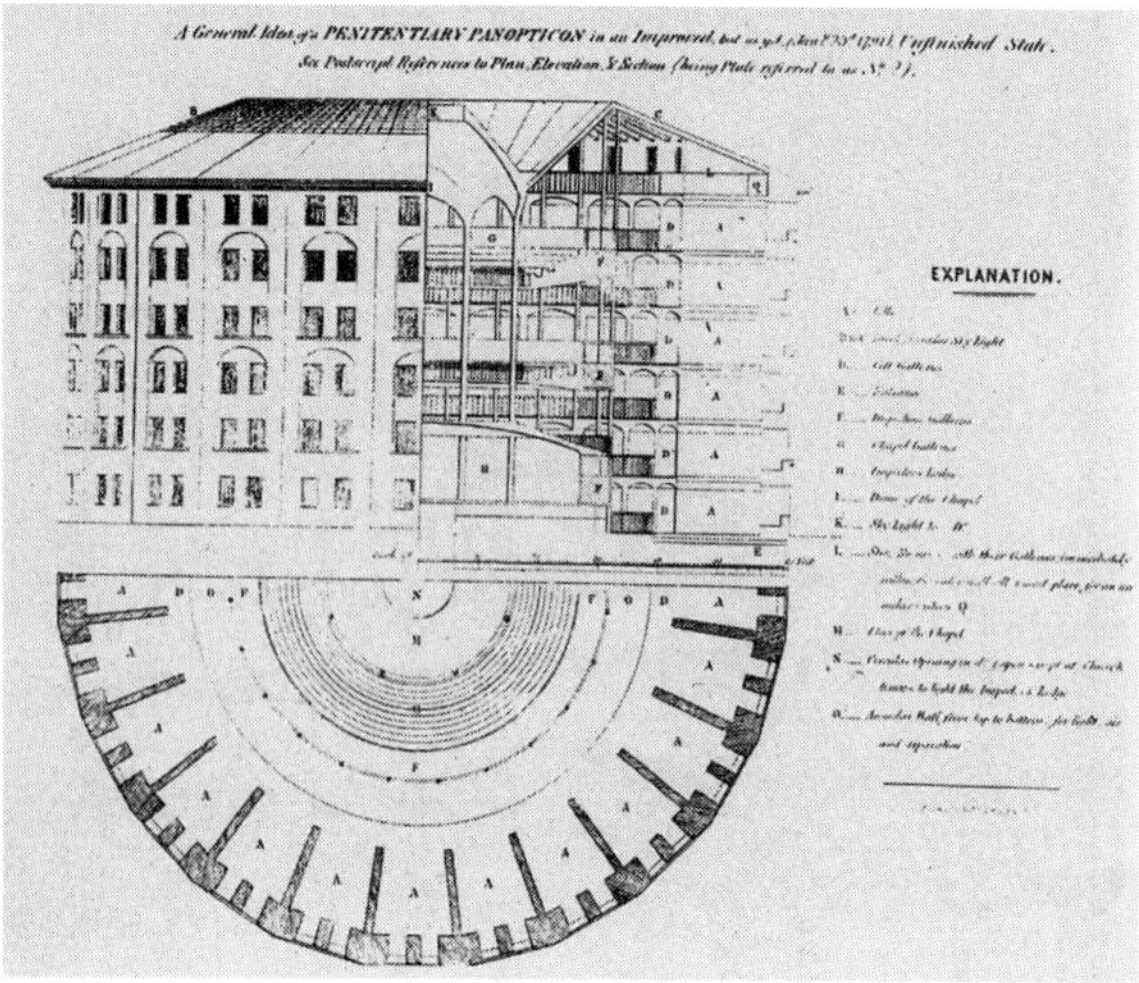

ベンサムのパノプティコン設計図（1791年、『監獄の誕生』口絵17より）

思う。基本となるのは碁盤目割、縦横の直線的な列、整然とした区画、そしてそれらと組み合わさった円である。円の中心から三六〇度見渡せる建物の配置が、パノプティコンの建築学上の形象となる。ただし、現在の学校、病院、工場、兵舎などの多くは、長方形の組み合わせからなる建物を用いている。これはおそらく、パノプティコンが広い土地を必要とし、円の一部である弧が多くなるため区画に無駄が出て実用性に乏しいからであろう。

時間については、現代では当然のこととして通用している要素が多く、私たちはそれだけ規律が浸透した時代を生きていることになる。一日を二四時間均等に割り、その意味で「空間化された時間」にしたがって社会が動き人が生活することが近代化の過程でいかに重要だったかは、多くの歴史書がテーマ化してきた。

ふたたび学校を思い浮かべると、分刻みの時間割で区切られ、毎日くり返し同じ時間に同じこと（あるいは少しだけ違うこと）をする生活へと慣らされる日々が、文明人になる準備段階にある子どもにとって必要不可欠なことも理解できるはずだ。

†規律化と規格化

このあたりは読めば分かる話なのでかけ足で進もう。第二章は、一見すると第一章の延長で書かれているようだ。だが、「規格化（または規範化）normalisation」を中心テーマとしている点では、フーコー年来の関心に触れる重要な箇所である。すでに見たように、規律は身体・空間・時間を配分することで成り立つ。では、その配分はどのような基準にしたがっているのか。また人間がどうなることが規律権力にとってよいことなのか。つまり、規律化がなされる際の物差しとなるルール、尺度とはどのようなものなのか。

規律化のためのルールは、細かく分けられた厳密なヒエラルヒーを伴っている。軍隊における階級に与えられた多くの名称区分を思い浮かべてみてほしい。元帥から二等兵に至る呼称は、軍事行動において彼らを区別するだけでなく、兵舎での生活場所、食事、衣類、およそ待遇のすべてにわたる違いに対応しており、それらは軍規で細かく定められている。

寄宿学校での教師と生徒、また上級生と下級生の関係、工場での労働者と職長や工場管理者などの関係もまた、明文化された規則、あるいは暗黙のルールの下に統制されている。そこでは単に下位の者が上位の者に服従するだけではない。すぐ上の者とすぐ下の者の間に特有のルールがそれぞれ定められ、最上位の者だけが監督者ではなく、すべての者が自分より下の階層の者を管理・教育し、また最下位の者も上位の者を監視しいつでも告発することができる。密告者が重用されるのは学校も監獄も同じで、細かな位階と相互監視が秩序の好循環(あるいは最悪の循環)を生み出している。

人の数が増えると無秩序が生じやすい。ちょっとした集まりでも、あちこちで勝手な動きや私語が起こるものだ。ところが、規律型の権力が行使される場では、人の数は無秩序ではなく秩序に結びつけられる。相互監視に基づき、秩序に反する者には制裁が加えられ、規格に合致した行動をとる者には褒賞《ほうしょう》が与えられる。一方に疑似裁判と処罰、他方に試験と褒賞である。規律の体系において高く評価される者とは、他より抜きん出た者や類を見ない才能を持つ者ではなく、規格に合わせる能力と判断力を持ち、集団そのものが設定する基準＝規格に適合する行為や発言ができる者だ。

†「異常者」の発明

フーコーはここで、「近代における異常者の扱い」という、『狂気の歴史』以来のテーマに立ち返っている。彼は心理学の助手をした若いころの経験、そしておそらく自身の性的嗜好への周囲の反応などから、自分が生きている社会が「異常者」に強い関心を持ち、その人たちに干渉するのが大好きだと感じていた。そのことを余計なお世話と思うだけでなく、誰がどのようにしてある人を「異常者」と名指すのか、異常者を定義し、研究し、そのために専門の学問を作り、そして治療対象にするといったことが、歴史上どうやってなされてきたのかに関心を持った。

規律の場でくり返される規格化のプロセス、位階に応じて細かく設定された基準に合う者を高く評価し上位に取り立てる仕組みは、一方で規格に合わない者に制裁を加え、処罰を与えるとともに、その人たちを「異常者」として括り出す仕組みでもあった。つまり、規格や規範（ノルム）に合う人たちは正常（ノーマル）で、そこからはずれてしまうのは異常（アブノーマル）なのである。

フーコーは『監獄の誕生』第三部第二章の終わりで、だから規律訓練の体系の中では、大人より子どもの方に関心が集中し、病人は健康な人より、狂気の人は理性的な人より、犯罪者は非犯罪者より介入の標的になりやすいと述べている。こうした傾向と相即して、正常か異常かという基準によって人間が区分される社会は、子どもに関する学問、異常心理に関する学問、犯罪者に関する学問、病気と健康の区分と病気のメカニズムに関する学問を発達させる。

一九世紀以降、児童心理学、精神医学、臨床心理学、犯罪学、犯罪精神医学、さらには臨床医学や実験医学などの一連の学問が生まれ、瞬く間に大量の「患者」や「被験者」を見出し、発展していった。これを近代における規律化のプロセスの進展という側面から見るなら、単に人間の心と体に関する科学という新分野が、科学一般の進歩の結果として発見されたのではないことが分かる。これらの学問は、身体と空間と時間の区割りと活用によって作用する権力、その権力が作動する際に必要とされた正常と異常という尺度の発明、それに基づく「異常者」の析出などのプロセスの中で見出され、作り出されたものなのだ。

異常者の析出、正常と異常を分ける尺度（物差し、基準 mesures）の発見、そこで統計学的思考が果たす役割などのテーマは以前別の著書で論じたので、ここではこれ以上踏み込まない。(6) それよりも、規律の体系が浸透する以前の社会で、どのような人間が理想とされたのか、それとの対比で規律化された社会と人間を見るといかに二つの社会の違いが際立つかについて、さらに述べておきたい。

†理想の軍人像

規律は異常者を主たるターゲットとすると言うと、その対極にあるのは正常者を対象とする権力だと考えてしまうかもしれない。だがこれは間違いだ。フーコーがここで規律型権力の対極にあると想定しているのは、剣による権力、王の至上権と生殺与奪権を華々しい儀礼を通じて示す権力である。(7)『監獄の誕生』第三部は、実はこのタイプの権力と結びついた「軍人の理想像」の叙述ではじまっている。理想の軍人とは、遠くから見て目立つ人物だ。内にたたえる力と勇気を外面にまでみなぎらせ、名誉と誇り（プライド）を何よりも大切にする。彼らは生まれながらに戦士の徳と恵まれた体軀《たいく》、戦う者としての無駄なく美しい外貌《がいぼう》を持っており、それはしばしば血統によって保証されている。

こうした軍人像は、古今東西の数々の神話や伝説、そして軍記と偉人伝でくり返し伝えられてきた。たとえば中国の武将列伝には多くの豪胆な人物が登場する。私が子どものころ読んだ『三国志』の中で一番驚いたのは、曹操《そうそう》軍の将である夏《か》侯惇《こうとん》が敵軍に目を射抜かれるシーンで、自分の目玉を矢と一緒に引っ張り出して食らい、その勢いで相手を刺し殺してしまう場面だ。武人は劣勢の時もひるまず、士気を高め軍を鼓舞することが最も重要らしい。恐怖にさいなまれ怖じ気づいた軍隊ほど弱いものはないことは、古今の軍事物語からも明らかだ。

ヨーロッパにおける軍人像、戦いのスタイルから彼らの生活様式までを理想化して伝えているのは、たとえばトールキン『指輪物語』における騎馬の民ローハンだろう。中つ国の危機に際して古き盟約を守って勝ち目のない救援に駆けつけた彼らは、ミナス・ティリスを見下ろす丘で突撃前に鬨《とき》の声を上げる。壮麗な甲冑《かっちゅう》をつけ、駿馬《しゅんめ》にまたがり、先頭を切って兵たちを鼓舞するのは、セオデン王、そして彼の甥《おい》で跡継ぎとなるエオメルだ。死闘がくり広げられ、敵将の手にかかった王は死に際に、男に変装してついてきていた姪《めい》に言葉を遺す。彼は、ようやく武勇に満ちたすばらしい最期を遂げることができ、父祖の名に恥じることなく名誉に包まれて堂々と死んでゆけると笑みを浮かべるのだ。

戦いの日に備えて日頃から馬とともに訓練を怠らず、生活は簡素にしていつでも戦地に赴けるよう準備しておく。戦場での死に備えてつねに身を清め、居ずまいを正し、最期の時まで勇気と潔さをもって戦えるよう万全を期す。こうした生き方は、日本の戦国武士にも共通するものだった。

†近代軍の兵士――人間という名の資源

一転して、規律化された近代軍における兵士とはどんな存在だろうか。近代ヨーロッパで常備軍が形成された背景には、主権国家群の形成と軍事技術の変化、それに伴う戦法の変容などが関わっている。馬上の英雄が占める場所はもはやどこにもなく、軍人はその生まれによって他の人々と区別された戦士の血統を継ぐ者から、農村の余剰労働力として大量調達された農夫へと変わる。彼らは選ばれし戦士からはほど遠く、鍬《くわ》や鋤《すき》には慣れているが武器など持ったこともない素人集団である。

近代の軍隊は、こうして調達されたいわば戦闘のための部品をもとに、軍隊という工場で規律訓練を通じて一人前の兵士を作り上げなければならない。彼らの身体は細かな部位へと分解され、一挙手一頭足までマニュアル化された動きを叩き込まれる。それによって、号令に瞬時に反応し、同じ場面ではつねに同じ動作をくり返すことができる機械人形のよ

「書簡」(1846年) に掲載されたケトレによる二項分布図。兵士の胸囲の統計をサイコロ投げの分布との類比でとらえることで、人間に関する「正常」の尺度を「平均」として示した

うな兵士ができ上がる。

彼らには、人より抜きん出ていること、遠くから目立つことなど少しも求められてはいない。むしろ目立たないこと、隣の人間と同じタイミングで決められた動きができることが重要なのだ。それぞれの部品が、精密に区分された組織の中で特定の役割を果たす。ここでは傑出した勇気も機転も判断力も不要というよりむしろ邪魔で、命令に従うこと、ルールを守り言われたとおりに行動することだけが求められている。そしてそれができる者は自身の顔も名前も失ったまさに優れた部品となり、できないものは逸脱者、異常者として監視と処罰の対象となる。

このように書くと、規律が浸透する場所と

は何とも荒涼たる世界である。そこには夢もロマンもない。人間はそれぞれが固有名を持った固有の歴史に連なる比類なき存在（ハンナ・アーレント風に言えば「活動する人間」）ではなく、厳しく訓練を受けたがゆえにいつでも取り替えがきく部品にすぎない。

もちろん近代以前であっても、名高い武将や歴史に名を残す人物はほんの一握りで、大半の人々は生きた証を残すこともなく消えていったのだろう。だがその世界では、何の痕跡も残さず消えた人々ははじめから見えないままだった。彼らの生涯は家族や村人などごく少数の人たちに知られただけで、記憶の主が死んでしまえばみな土に返ったのだ。

これに対して、規律化される主体、服従する身体はできるかぎりよく見られ、分析されなければならない。彼らは人間という名の資源なのだから、その身体から効率よく力を取り出し、なおかつ従順な存在として飼いならす作業が間断なく行なわれねばならない。規律がうまく機能している集団や社会をこのように見るなら、実際そこには夢もロマンもない。

†規律は単なる統制ではない！

最後にこのことをもう少し掘り下げるため、逆に、規律が失敗した場合を考えてみよう。

規律の失敗というと、無秩序や無規律が思い浮かぶ。だがこれは、失敗というより規律の欠如と呼ぶのがふさわしいのではないか。その証拠に、規律のメカニズムがうまく作動していない例としてフーコーが挙げているのは、意外なことに最も厳しく規律化されているように見える、スターリン体制下のソ連なのだ（「ソ連およびその他の地域における罪と罰」『ミシェル・フーコー思考集成VI』八三頁）。

フーコーの考えでは、規律がうまく働いている場では、暴力に訴える必要はほとんどない。ところがスターリン体制の下では、暴力と死、法外な権力行使が日常化し、それが次第にエスカレートしてゆく「恐怖政治」が展開された。このことは、規律化がうまくいかないため従順でない不穏分子を抱え込み、暴力や死といった非常に効率の悪い方法（フーコーの言い方では、高くつくとともに危険な方法）でしか秩序を維持できなかったことを示している。さらにこうした強権的な方法は、規律化された身体から力を抽出して何かに役立てる（たとえば効率よく労働させる）ことを不可能にしてしまう。

つまり規律は、単なる統制や抑圧、強権支配ではない。抑圧や強権支配は、押さえつけることを自己目的化し、そのため絶対権力者がクーデターで暗殺されれば転覆されるような、危うく、費用がかかり、しかも大雑把な権力である。暴力をちらつかせ、実際に暴力を用いてイデオロギーを注入しようとするこうした権力は、個人の身体と意志の細部に入り込み主体性そのものを一から作り上げるような、微細だが大がかりな構成を持ってはいない。規律というのは、ものすごくせこいが忍耐強く人間に働きかけ、ひとたびそれがうまく作動すると暴力や強制力をほとんど必要としない境地に至るのだ。

たとえば、刑務所システムにとっての記念日としてフーコーが選ぶのは、規律訓練のすべての特徴を兼ね備えたフランスのメトレー少年施設に収容された少年が、いまわの際に「このすばらしい場所をこんなに早く去るなんて悲しくてたまらない」と言ったという、日付の記録すらない日である（『監獄の誕生』第四部第三章冒頭）。

かつて『監獄の誕生』が大いに批評され、言及された時期には、自らの意志で進んで規律に服する人々、規律を内面化した人々を作り出すこの装置の恐ろしさが、近代的な価値として重視されてきた自由・自発性・主体性の存立根拠を揺さぶり、掘り崩すものとして読まれ、衝撃も反響も大きかった。

今では自発性も主体性も、どことなく気恥ずかしいような時代がかった言葉の仲間になってしまっている。その一方で、規律の内面化、つまり自ら進んで規律に服する主体の形成というメカニズムそのものが消失したとは言えず、この側面は依然として批判されるべきもののはずだ。

†規律の内面化が行き渡った場所で

幸か不幸か、私は今では死語となった青春時代、中学高校生活を愛知県で送った。校内暴力と管理教育の真っ盛りだった一九八〇年代、名古屋の公立中学高校の教師たちは、生徒に必ずしも勉強ができることを望んではいなかった。とくに発展的な学習や応用学習なるものに知的好奇心を示すこと自体、教師の手に負えなくなる指標と考えていたようだ。教師が望むのは、彼ら自身を反映して独創性も発展性もない勉強、たとえばひたすら堪え忍ぶだけの単調な計算、また教科書や辞書の書き写しをくり返すことに耐性を備えた生徒になることだった。

教師はもちろん不良が嫌いだが、彼らには体罰が与えられたし、落ちこぼれて目の前から消えてゆけばそれほど目障りではなかったのかもしれない。お気に入りは従順でよく勉強するけれど、目立った成果も出せない生徒たちだった。そして何よりも自分たちのやり方に疑問を抱かない生徒だった。教師たちは上の世代から受け継いだ基準や物差しに何の問題もないと考えていたし、親であれ生徒であれ誰であれ、それを非合理だと考える人間がいることを想定せず、もちろん許容もしなかった。

上位にある者が外部の視点を持つことなく続けてきたこうした「規律化のための規律化」が、今も学校で再生産されていないとは想像しにくい。私は文化の薫りもなく、問うこと自体を禁じられた場所で一〇代を過ごしたことをずっと恨みに思ってきた。それが長じて『監獄の誕生』とフーコーに入れ込んだ理由の一つだが、閉ざされた規律空間の中で自足し、夢もロマンもない規範を自覚も自責もないままに強制する者たちが実際におり、その規範をいとも簡単にさしたる疑問も抱かず受容する者たちもまた数多くいるのだ。

こうした場から出るには、何らかの手段で「卒業」する以外ない。私にとってはこの寒々とした経験が、ふり返ってみればその後の人生を左右することになったのだが、それがよかったのか悪かったのかは今でも分からない。分かるのは、規律がうまく作動する場というのは、夢もロマンもなく、その芽を摘み取り、空っぽの頭で手と脳を働かせる人間たちによって動き動かされる場だということだけだ。

第8章　規律はどこから来たのか――フーコーの系譜学

†フーコーの「方法」

『監獄の誕生』は世界中で読まれ、それに影響された研究がさまざまな分野で発表された。教育学、心理学、精神医学、犯罪学、刑事法学などの領域で、また現代社会を分析する社会理論や政治理論などの分野でも、この本に刺激を受けて多くの著作が生まれた。それと同時に、精神医学のあり方に疑問を抱く運動、また脱病院化・脱施設化運動、さらには教育の多様化を目指す運動、刑務所改革運動、そして性的マイノリティの権利運動などの社会運動にも影響を与え、この本とフーコー自身の政治活動に勇気づけられ、鼓舞される人々が次々と出てきた。

なぜ『監獄の誕生』は広範な影響を与えたのか。まず考えられるのは、この本が取り上げた「規律」という権力行使の形態がとてもありふれたもので、多くの人にとって身近に感じられたということだ。言われてみれば、なぜこれまでそういう指摘がなかったのか不思議なくらい、規律のテクニックを用いて管理された組織や集団はそこら中にある。それに居心地悪さや不快感を持ちながらもうまく表現できなかった人たちに、言語が与えられたのだ。

だが、現代ではありふれたものになっている規律の場、規律権力の作動は、もとは特殊で限られた場所におけるものだった。規律の起源、フーコーがニーチェから引き継いだ言葉を使うなら規律の「系譜」はどこにあるのだろう。言いかえると、規律はどこから来たのだろう。

少し話が逸れるが、ここでフーコーの「方法」について少し述べておきたい。というのも、『監獄の誕生』は彼の系譜学的手法を理解するためには恰好の、分かりやすい例になっているからだ。「規律はどこから来たのか」という問いは、フーコーにとってそのまま規律の系譜学の出発点になる。どこから来たのか、すなわち系譜。この結びつき自体、彼の「方法」および問題意識の所在を示している。

フーコーの思想に入門したいと考える読者に気をつけてほしいのは、彼の「方法」にこだわりすぎてはならないという点だ。フーコーはたしかにアプローチが変わっていて用語も独特なため、一見「方法論的」理解がないと取っつきにくいように感じられる。だがここが鬼門で、フーコーの「方法」を主題とする解説本や研究論文は、悲しくなるほど何を言っているか分からないものが多い。それが原因でたくさんの読者を入口で挫折《ざせつ》させているると思うと残念だ。

フーコーが独特の用語やアプローチを使うのは、近代哲学の枠組みへの反発や既存のものの見方の拒絶という面もある。だが何より、描きたいものが描けないことへのいらだち、見えているのに気づかないものに気づかせたいという、強い欲求に突き動かされてのことだ。それは言ってみれば、映画監督が何を撮りたいかによって作風やカメラワークを変え、新たなスタイルを作るようなものだ。

作品を観ていないのに映画技法の話だけされてもまったく心を動かされないのと同じように、フーコーの「方法」をあたかも汎用性のある道具のように解説されても、何がどうすごいのか一向に分からなくて当然だ。だから「系譜学って何?」という問いに対しても、フーコーの著作とそのねらいを念頭に置いて、彼が描き出す歴史像に即して具体的に説明されなければ、さっぱり分からないのは無理もない。

†ニーチェとフーコー

そして『監獄の誕生』は、「規律の系譜学」と呼びかえてもよいほど、彼が系譜学的な手法を意識的に用いていることが読み取れる著書である。ニーチェは『道徳の系譜学』で、どこか高いところに、正統な出自と立派な血統を持っていると思われがちな「道徳」なるものが、実はいくじなしでうらみがましい「弱者たち」による手前勝手で卑賤《ひせん》な意図から生じたことを示した。

ニーチェの叙述はまったく歴史的でも「実証的」でもなく、むしろ文学的なのだが、フーコーはニーチェから「善良な人々のよき意図から出た道徳というストーリーを疑え」というメッセージを受け取る。そして、人間のモラルに関わる基準、あるいはまともな人間と逸脱した人間を分ける尺度を疑い、それが実は高尚さとは無縁の、卑しくまた取るに足りない出自を持つのではないかと問いかける。

すでに第5章でフーコーの啓蒙主義への批判的な態度、第7章では規律についての彼の暴露的な描き方を取り上げた。これらは、規律の一般化、そして「監獄の誕生」が近代の輝かしい達成ではないことを明らかにする執拗な試みである。監獄は人道主義や人類進歩の結果として生まれたのではなく、むしろ大昔からさまざまな場所で組み立てられ、ときには悪意に満ちた意図から生まれた些末な諸制度の寄せ集めなのだ。ここに、系譜学というニーチェのアイデアがぴったりはまる。

フーコーの記述によると、規律の系譜をさかのぼることができるのは、古くは軍隊、修道院、そして学校である。『監獄の誕生』では、古代ローマ軍の十人組が、ベネディクト派修道院の労働と管理の単位として再び見出されるとしている（第三部第一章註45）。これを「共同生活の兄弟」派という宗教組織が教育制度に移入し、さらにイエズス会の学校でも同様の単位が用いられた。

原始キリスト教以来さまざまな宗派の共同生活に見られる規律は、後にコレージュ・ド・フランス講義（一九七八年）の中で、近代ヨーロッパにおける「統治」のテクニック、つまりそこでの人間同士の関係、あるいは自己自身に対する関係の起源の一つとして改めて取り上げられることになる。

こう書くと、ローマ軍だのイエズス会だの、規律は意外に高尚な出自を持つように見える。だが、フーコーの記述を読んでゆくと、何というかそれらが全然立派な感じがしてこない。逆に、軍隊も修道会も管理者はしょせん小役人で考えることは同じ、せこくてみみっちい発想の寄せ集めだなと思ってしまう。

†ウェーバーとフーコー

このあたり、フーコーと同じく規律化という契機（モメント）が近代にとっていかに重要かを説いたマックス・ウェーバーや、ドイツ国制史研究のゲルハルト・エストライヒと対比してみるとよく分かる。

ウェーバーは『プロテスタンティズムの倫理と資本主義の精神』という長ったらしいタイトルの論考で、プロテスタントが人口に占める割合が大きい地域で資本主義が発達したという当時最先端の統計的知見に基づき、その理由を大胆にもプロテスタント生産者の倫理性に求めた。さらに彼は、この倫理が自己を厳しく律するとともに周囲の他者にもそれを要求し、規律化された人間を近代の主役へと押し上げるのに大きな役目を果たしたと主張した。

ここでは、プロテスタントの「倫理性」と資本主義との間に親和性が見出されている。彼が描くプロテスタンティズムの教義では、ある人が救われるかどうかはあらかじめ決まっているが（預定説）、それを確実に知る方法がない（神のみぞ知る）。そこからくる焦燥のため、富という現世的なものに価値を置かないはずの厳格なプロテスタントは、救いの証を得ようと富の獲得に邁進《まいしん》してしまう、しかも周囲の人をそのための道具とみなすという、きわめて殺生な状態に陥る。

信徒たちをもだえ苦しませたに違いない罪な教義だが、それはやはりキリスト教の「教え」で、そこから派生するのは「倫理」である。その意味で規律は教義や倫理という立派な出自を持っており、卑しさや悪意から出たものではない。

ウェーバー解釈者たちが問うてきたのは、プロテスタンティズムの倫理は宗教的救済を真摯《しんし》に求める純粋なものだったはずなのに、それがなぜ資本主義の下卑た精神へと成り下がったかだ。つまり、プロテスタンティズムの倫理を資本主義の精神の一起源としてとらえるウェーバーは、規律の系譜学を目論むフーコーとは企図もアプローチも異なるということだ。

フーコーが描こうとしたのは、純粋な倫理が意に反して単なる金儲けのための貪欲《どんよく》へと頽落《たいらく》してゆくプロセスではない。もともとさもしく小賢しいちっちゃな技術（テクニック、いわば工夫）の寄せ集めが、いつの間にやら巨大な監獄になり、大工場になり、世界中どこの学校でも使われるテクニックとして普及するという驚くべき歴史だった。

†エストライヒとフーコー

ウェーバーに比べるとエストライヒは知らない人が多いだろう。日本語でまとまって読める唯一の文献は『近代国家の覚醒』という論集だが、この人はまずドイツについて、近代国家が作り上げられる過程で、ドイツ諸邦、とくにプロイセンで広まった軍事的規律(訳では「紀律」と表記されている)がきわめて重要だということ、さらにその思想的背景にオランダ人文主義があったことを指摘している。

エストライヒがとくに注目するのは、ユストゥス・リプシウスという一六世紀末から一七世紀初頭に活躍したオランダ人文主義、新ストア主義の人物である。規律でなく紀律という表記、プロイセン軍へのオランダ人文主義からの影響、そして新ストア派、リプシウスなどという聞いたこともない名を挙げられると、すでに読者もありがたい感じがしてきたはずだ。

エストライヒは、近代にとっていかに規律化が重要かを思想史上の系譜を含めて示しただけではない。ヨーロッパ近代を特徴づける「社会的紀律化」の過程を描こうと試み、そのなかでポリツァイにも関心を寄せた。そのため、とくに近世の思想傾向への注目点がフーコーと重なっており、フーコーの近世国家についての叙述を読む上で参考になる。

だがやはり、規律を倫理および「精神」と関連づけてとらえる点で異なっている。分かりやすく言えば、ウェーバーにとってのプロテスタンティズムが、エストライヒにとっての新ストア主義となる。一方、フーコーは規律化を倫理や精神との関係ではとらえていない。それは近代になって生み出されたのではなく、大昔からあるさまざまな断片の寄せ集めなのだ。それらが集められ応用されるやり方に近代的な特徴があるのだが、これについては「国家」という扱いにくい主題が絡んでくるので、次章以下で改めて論じることにする。

†規律は「ちょっとした工夫」の積み重ねである

ここではあくまで「規律はどこから来たのか」に話を限定する。規律というのは一種の「工夫」だ。先ほど、小賢しいちっちゃな技術を言いかえて「工夫」としたが、まさにそのイメージだ。工夫とは何かをこれ以上説明するのは難しいが、だいたいにおいて工夫には「ちょっとした」という形容がつく。それによって物事が上手くいくような気がするのだが、体系性や思想性とは無縁で、一種の生活の知恵みたいなものだ。

たとえば軍隊で兵士の数が増えすぎ、統制がとれなくなるとする。じゃあ適当な数ずつ組み合わせて責任を持たせればよいのではないか。たとえば十人ずつ組にして、戦闘中はこの単位で動かしてみればどうか。そしてこれらを十集めた集団を、「百人隊」として隊長を置いてはどうか。ここには、戦闘というきわめてシビアに結果が評価される状況において、いかに上手く兵を動かし敵を倒すかを目的として工夫がなされている。(8)

こうした工夫は、目的に対して効率的な手段を見つける、そしてそれ以上の意味づけや善悪の判断が必要ないという点では「道具的理性」(アドルノなどフランクフルト学派が近代批判のために用いた概念)の発動かもしれない。しかしそこまで大げさに考えなければ、軍隊編成の発展史というのは「ちょっとした工夫」の積み重ねとも言える。

話を規律の展開に戻すと、ローマ軍に活用された十人組は、その後の軍事技術の発達の中で、移動や戦闘においてもっと機能的で使いやすい集団に作りかえられていった。軍事技術が飛躍的に向上し、とくに一七世紀末に槍やマスケット銃(初期のものは火縄式)から小銃(ピストル)へと歩兵の主な武器が変化すると、体が大きく勇気もある古参兵が密集集団の周囲を固めるといった戦法も根本的に変化することになった。

一方、労働の場、生産の場においては、一八世紀以降「工場」が出現することで、かつての小さなアトリエとは全く別の監視と生産効率向上の方法が求められるようになる。フーコーは軍隊と近代工場に共通する特徴として、集団を作ることで個々の要素の総和以上の力を引き出さねばならない点を挙げている。そのため工場という新しい場所で、かつての軍隊における集団管理のテクニックが援用されるようになる。学校もまた、軍隊や工場と共通する特徴を持っている。生徒たちが持つ力が無秩序をもたらす危険を最小限に抑えながら、彼らの能力を高め、それと同時に集団全体の力を高めなければならないからだ。

†規律はなぜ普及したのか

こうして近代社会は、都市、学校、工場などの場所を組織された近代軍に似たものにする。病院や監獄もまた、その建築上のスタイル、役割別の人間の配置と動きの統制などの点で、軍隊や兵営に似たものとなる。だがこれを「社会の軍事化」と呼ぶのは性急である。なぜなら、これらの集団に共通して見られる人間管理のあり方は、非軍事的なものの軍事化というより、軍隊も含め、特定の空間における規律化だからだ。つまり近代社会とは、多種多様な集団を規律化する社会なのである。

もともと規律型の権力は、軍隊、修道院、そして宗教的な教育組織といったいわば閉鎖的で特殊な場所で用いられ、ひっそりと目立たないまま受け継がれてきた。フーコーの考えでは、それがフランスでは一七世紀末以降さまざまな場所へと急速に広がったのである。

こうした急速な普及を促した社会的背景については、おおよそ次のように想像できる。最大の理由は、都市への人口流入と産業化の進展である。都市人口の爆発的な増加は、衛生上の危険を高める。都市では伝染病が瞬く間に広がり、ゴミや汚水、瘴気《しょうき》（汚れた空気。「風の谷のナウシカ」に出てくる）が病気を広めると信じられた。また、工場では生産される製品の質を一定に保つことが要求される。さらにそうした要求に応じられる働き手を養成するには、標準化された教育が必要である。したがって、規律とその効果が求められる場所が次々に生まれていた。

こうした要請に応じた規律の広がりについて、『監獄の誕生』第三部第三章「一望監視方式 Le Panoptisme」によってさらに見ておこう。

†ペストの都市

この章の冒頭でフーコーは、ペストの都市とパノプティコンを用いた施設とを対照的な

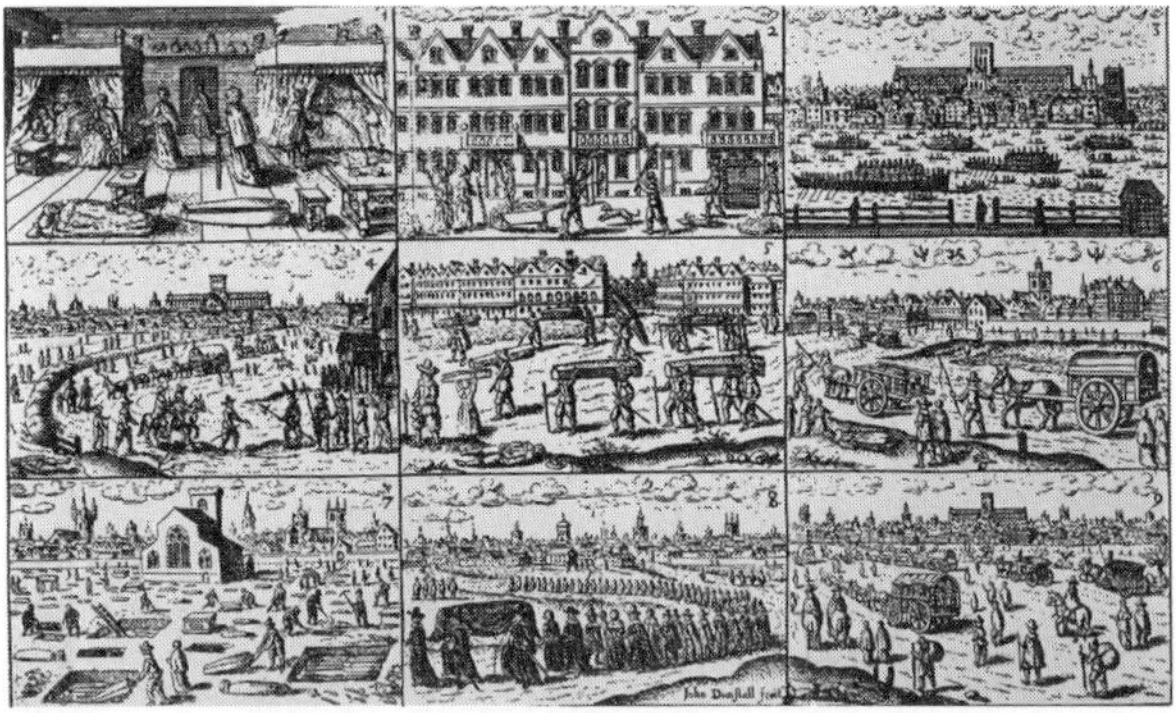

J.ダンストール「ロンドンの大疫」(1665-66年のロンドンにおけるペストの流行)

ものとして描き出している。ペストは一四世紀以降ヨーロッパで大流行をくり返し、そのためペストに襲われた都市への対処マニュアルが整備されていった。

ペストの流行が確認されると、ただちに町の封鎖が行なわれる。ただし、単に一都市が外部と遮《しゃ》断《だん》されるだけでなく、内部が細かく区割りされ、それぞれの区画が家単位で管理される。家は外から役人の手で施錠され、役人と世話役と見張り、そして死体処理を行なう下層民以外は戸外に出ることができない。町全体を軍人が巡視し、家々は毎日点呼を受けて病人と死者が把握される。すべての家が消毒され、四〇日の後、ようやく町は封鎖を解かれる。

封鎖された町が引き起こす緊張、非日常性と悲劇、病に翻弄《ほんろう》される個人の無力さなどは、カミュ『ペスト』などの小説で知られているだろう。一四世紀に全ヨーロッパ人口の四分の一あるいは三分の一を奪ったとされるペストの流行は、想像するのも怖ろしい。町が封鎖され、役人に外から鍵をかけられて家に閉じ込められるなんて、考えただけで頭がおかしくなりそうだ。

ペストは、例外的な状況で規律権力のある面（区割り、監視、記録、掌握、封鎖）が突出した形で徹底される例である。したがってペストの都市、そしてそこで死を封じ込めるために不服従者を抹殺する権力は、どこまでも例外的なものだ。(9)

†パノプティコン

『監獄の誕生』が多くの人に訴えかけた理由の一つは、こうした閉鎖的で特殊な非日常空間における規律とは異なる、一般的で日常的な場面に広がる規律型の権力を、フーコーが描写したからだろう。しかもそれは「パノプティコン」というキャッチフレーズ的な名称と、独房の囚人が中央の監視塔にひれ伏して祈る印象深い画像（第III部扉を参照）とともに読者に差し出された。一望監視は、囚人にも生徒にも労働者にも都市の住民にも、人が集まる多種多様な場面に応用可能なテクニックで、読んだ者は誰もが、自分の身近に多少ともそれに似たものを発見し、はっとさせられた。

　先の画像の形象を用いて簡単に説明するなら、パノプティコンの装置では、見られる者（監視される者）はいつ、どこで、誰に見られているかを知ることができないため、つねに見られているかもしれないという不安にさらされる。こうした不確実性を利用することで、見る側は監視の労を最小限にまで節約しつつ、秩序維持効果を最大に保つことができるのだ。

　こうして、閉鎖された特殊な場から解放されることで、規律には従来なかった特徴が付け加わるようになる。ペストの例に見られるのは、例外的でネガティヴな状況下で惨事の広がりを食い止めること、最悪の事態を回避し、秩序を取り戻すことだった。しかし規律が一般化する中で、学校や工場の例から明らかなとおり、主要目的はポジティヴなものへと変化する。いかに生産性を上げるか、いかに優れた生徒を作るかなどの目標を、ペストによる混乱を押しとどめることと比べてみると、積極的でプラスの成果がはじめから求められていることが分かる。

　また、このように積極性や生産性が求められ、また規律が非常事態を超えて日常へと浸透してゆくことで、家庭の中にも規律と監視が入り込んでくる。たとえば学校で品行の悪い生徒に対しては、必ず家族が疑われ、監視と介入の標的となる。都市の衛生が問題になれば、貧民街の住居が消毒を受け、風通しやベッドの配置のチェックだけでなく、入浴や掃除の指導がなされる。さらにその担い手は役人とはかぎらない。慈善団体は個別訪問に熱心だったし、保健所の機能を兼ねる病院も現れ、近隣住民も相互監視の役目を担った。

†黒幕は「国家」なのか?

こうして規律が広まり、一般化する背景に、つねに見え隠れする存在がある。それこそが「近代国家」なのだが、ここが理解の難しいところだ。フーコーは、たとえば近代国家はグライヒシャルトゥング(同質化。ナチスドイツが民族一体化のために用いた標語)を目標として規律化を進めたというような単純なことは決して言わないからだ。規律化を通じて従順な国民の形成を進めたのは結局のところ国家で、他の担い手はその手先だというような理解では、「誰が権力を所有しているのか。最終的には合法的暴力を独占している国家だ」という、どうしようもなく退屈でフーコーが忌み嫌った権力観へと逆戻りしてしまう。

だが実際には、頂点にある国家意志が徐々に下方に浸透してゆくのではない。それぞれに手前勝手な欲求や意志を持つエージェントたちの相互行為を通じて、関係に「型」が与えられる。その型が権力のスタイルとして、フーコーの分析対象となるのだ。

したがって、黒幕が国家なのか他の主体なのかは問題ではない。むしろ問いの向きを逆にして、「どのような権力行使のスタイルに焦点を当てれば、近代国家が理解可能になるのか」と問うことが必要なのだ。

さらに言うと、規律という権力行使のスタイルは、もちろん近代国家のあり方と緊密に関係しているのだが、国家が規律化を発令し、命じているのではない。むしろ規律化に関わる複雑な機構、エージェント、相互行為の集積、メカニズムの総体が、近代国家を形成してきたのだ。次章ではこのあたりの微妙な経緯を、「封印状」に関するフーコーの叙述を出発点にたどってゆくことにしよう。

Ⅳ 近代国家と統治

トマス・ホッブズ『リヴァイアサン』口絵（アブラム・ボス画、1651年）。
大勢の人の身体がリヴァイアサンの身体を形成し、手には剣と牧杖を持つ

第9章 規律、ポリス、近代国家——「知」から近代を見る

†汚辱に塗れた人々の生

『監獄の誕生』を準備する過程で、フーコーはおそらく厖大な数の旧体制期の文書類に目を通した。もちろんそのなかには、著書や論集としての体裁を整えた出版物も含まれる。だがとりわけフーコーを惹きつけたのは、監獄や閉じ込めの場所（治療の場所である病院となる以前の施療院 l'hôpital など）への収監要請およびそれを承認する公文書類だった。

彼はこれについてとても美しい文章を書き残している。古典主義時代フランスにフーコーがいかに魅力を感じていたかが、ほとばしるような文体からにじみ出ている。丹生谷貴志の渾身《こんしん》の訳で「汚辱に塗れた人々の生」という表題を付されたこの文章をたどることか

ら、封印状と王のポリスについての考察をはじめることにしよう。
フーコーがすっかり心を奪われたのは、社会の影のような人たちだった。放浪癖がある上に金遣いが荒く、家族が手を焼いて収監を請願してきた男。修道僧であったが棄教し背徳的な生活を送るばかりか、男色でもある怪物。不信心で不道徳な行ないのため、夫に告発された女。暴力沙汰、好色、浪費、姦淫《かんいん》、詐欺、放蕩《ほうとう》。これらを大仰な文体と誇張された表現で非難し、王の慈悲による収監を希望する手紙。告発に応じてなされる尋問と作成される調書。そして、監禁を命ずる封印状が発行される。

これらの文書の主役は王ではない。闇にまぎれて生涯を終えるはずだった人たちこそ、ここでの主役なのだ。周囲の者からの収監の嘆願書がなければ、誰に知られることもなく生きて死んでいったはずの人々、つまり「汚辱に塗れた人々」こそが、闇から光の下へ引きずり出されているのだ。彼らを光へと呼び出した者は誰か。それは王ではない。「大部分の場合、或る者の監禁を命ずる《王の命令書》は、その者の周囲にいる者たち、父や母、親族の誰か、家族、息子たちあるいは娘たち、隣人たち、ときには教区の司祭、近隣の名士の懇願によって発行されたのだった」（「汚辱に塗れた人々の生」三二七頁）。

†国王封印状とポリス

　だがもちろん、請願に応じて自動的に国王封印状が発行されたわけではない。それらの要求を裏づけ、判定する仕事が必要となる。その担い手が「ポリス（行政警察）」だった。したがって、国王封印状を権力の一つの循環の中でとらえなければならない。それは一方で王の権力の絶対性、言いかえれば「法を凌駕する」その性格を示している。封印状は司法手続きを経ることなく、無期限の監禁措置を可能にする。だが他方で請願は誰にでも開かれており、「あらゆる者が絶対権力の巨大さを、各自固有の目的で他の者たちに対して自分用に使うことができた」（同三二七頁）ことにも注意すべきだ。

　こうして封印状のシステムを通じて、「政治的主権〔すなわち政治の至高性〕が社会体の一番下のレベルに注入される」（同三二八頁）ことになる。社会の影のような人々、また彼らの周りに生きる市井の人々が、至高の権力 souveraineté であるはずの王と、封印状という回路によって結びつき、その意味で庶民の日常生活が主権と関わりあうことになるのだ。さらには、この両者を取りもつ行政装置としてポリスを位置づけることができる。『監獄の誕生』では、ポリスと封印状についての記述は第三部第三章の後ろの方にまとまって出てくる。ここでフーコーは、ポリスを次のように特徴づけている。「ポリスは社会全体と外延を等しくすべき装置である。その範囲が末端にまで及ぶというだけでなく、どんな些細な事柄にも関わるという意味で。ポリスの権力は「すべてに」届かなければならない。ただし、すべてと言っても全体としての国家でも……王国でもない。ポリスはほこりのような出来事、行動や振る舞い、人々の意見など、「ともかくすべてに」及ぶのだ」(『監獄の誕生』二一四頁)。

†「王のポリス」とは何か

ここまで読んできて、読者には少なくとも二つの疑問がわいていると思う。一つはポリスって何だという疑問。もう一つは、封印状とポリスが王と下層民との間を取りもつのはいいとして、それが規律と何の関係があるのかという疑問。このうち二つ目はわりとすぐに答えられるのだが、最初の疑問に答えるのはそう簡単ではない。

ポリスと言えば警察、警察と言えば犯罪捜査に関わる公務員、というイメージを持っていると、旧体制期の「王のポリス」というのは非常に理解しにくい存在だ。大ざっぱには、現在の日本の警察はイングランド流の司法警察、ヨーロッパの大陸側で発達した王のポリスは行政警察として両者を区別できる。明治期の日本に警察制度が導入される際にも、両者がある程度区別された上で、それぞれの機能をどのように日本の行政機構に組み込むかが議論された。

だが行政警察と言っても分かりにくいし、現代の公安警察のような不穏分子取締りのためのスパイ組織をイメージすると狭くなりすぎる。フーコー自身、旧体制のポリスという言葉から連想される、王の専横の道具というイメージにとらわれすぎないよう、くり返し読者に訴えている。ポリスにはたしかに、王のスパイという一面があった。だがそれは、裏社会に忍び込むアンダーカバーの警官のようなダークな役割だけでなく、もっと広く、王の行政全般に責務を負っていたのだ。

フーコーは旧体制期のポリスの役割を、法を無視する王の専断の手先、恣意的権力による容赦ない介入の実行主体といった、主権＝至上権の暴力的な実現形態だと考えないよう注意を促す。ポリスはむしろ、社会の隅々でくり広げられる日常生活のあらゆる場面、些細な出来事、闇にまぎれて姿を隠しかねない人々を、間断なくきめ細かに掌握するための装置としてとらえられるべきなのだ。

そして、こうした目的に適っていたのが規律のテクニックだった。ポリスが人々に忌み嫌われたのは、それが狡猾《こうかつ》で、抜け目なく、人の悪意を利用し、小さな欲望をかき立てることで王の至上権と末端の人々とを結びつけ、結局はすべてを王権の手中に収めようと画策するからだ。一方規律のテクニックは、みみっちい工夫の集積によって些細なことまで見逃さず、人の生活を細部にわたって監視するのに最適である。だから規律はポリスにとって最良の道具であったし、王権が行政という発明品を通じて王国中に広めようとしたポリスの装置は、規律が一般化するための強力な回路となった。

表面的にはこれで、ポリスとは何か、また規律とポリスとの関係を説明したことになる。『監獄の誕生』の叙述に従うなら、ポリスは規律が普及する契機の一つにすぎない。この時期以降、家庭、学校、矯正施設や監獄、病院、アトリエや工場など、人が集うさまざまな場所が規律の場となった。規律自体はそうした場のどれかと同一視することはできず、多様な場面で横断的に利用される「権力の型」である。

近代国家は規律を通じて権力の網の目を張りめぐらせるが、それは国家と個人の直接的で排他的な結びつきを意味するわけではない。多くの相対的に独立した規律の場が複雑に組み合わさり、ときに相補い、ときには相反しながら並存している。

†「統治性」の研究

だが、このようにあくまで規律が浸透する機構の一つとしてポリスを位置づけた『監獄の誕生』執筆の後、フーコーはさらに規律の一般化の背景に考えをめぐらし、ポリスについての考察を深めてゆく。彼は近代国家の特異性を独特の観点から描写しようと試みる中で、ポリスと規律権力をその一部として位置づけるようになる。したがってポリスの装置と規律の一般化との関係をうまくとらえるには、難解きわまりない『監獄の誕生』後の思索に踏み込まなければならない。

一九七八年一月、フーコーは推敲《すいこう》の途上にある新しい構想を、コレージュ・ド・フランス講義で語りはじめる。それは後に「統治性 gouvernementalité」についての研究と名づけられるが、当初予告されていた講義タイトルは「安全（セキュリティ）、領土、人口」だった。この講義、そして八〇年代にかけていくつかの講演で語られた彼のアイデアはなかなか壮大で、背景知識がないとよく分からないところもある。だがここでは思想史的教養の類を語っている余裕はない。そこで彼が七八年の講義で語った構想から、近代国家 - ポリス - 規律権力の関係を理解するためにヒントになりそうな事柄に限って見てゆくことにする。

近代国家との関係をメインに考えるのだから、出発点を一五・一六世紀の「統治術 art de gouverner」に置くのが適当だろう。フーコーは、中世末から近世（初期近代とも言われる）にかけてさかんに執筆された「統治術」を主題とする文献群に注目する。こうした文献のテーマは、「いかに統治すべきか」であった。もちろんさかのぼれば古代以来、統治という主題はさまざまなしかたで論じられてきた。たとえば、プラトンが政治を航海術にたとえ、それが独特の判断力を必要とすると指摘したこと、また『国家篇』での哲人王支配の議論はよく知られているはずだ。

だがフーコーは、一五・一六世紀に現れた統治術の諸文献には、それまでにない特徴が見られるという。つまり、国王への権力集中が進み社会の力関係が変化する中で、旧来の「君主鑑《くんしゅかがみ》 miroir de prince」にはなかったある傾向が現れたということだ。

主君教育の教科書とも言える「君主鑑」では、まさに君主が鑑とすべき人間像が語られてきた。道徳的に優れた資質を持ち、人間として尊敬される君主となってはじめて、よく国を治めることができる。ここでは個人としての徳と政治的な徳とが同種のものとされ、徳ある君主による治世に国が栄えるという「徳治主義」の思想が貫徹している。そのため、いかに人間としての高貴さと徳性を身に付けるかが、君主を教育し導こうとする人々にとって最も重要な統治上のテーマとなった。「君主鑑」はその指南本だったのだ。

†マキャヴェリの『君主論』

この流れに公然と叛旗《はんき》を翻し、こうした説教くさい文献は何の役にも立たない、いわば安楽椅子の道徳を得々と君主に説くばかげた代物だと言い放った人物がいる。この人物こそマキャヴェリで、彼の『君主論』では君主の人徳=優れた治世という図式があえて反転させられている（このあたりフーコーの議論は曖昧で、私が勝手にコントラストを際立たせている）。

マキャヴェリの著書が長い間禁書目録の常連だったのは、彼の言葉が「悪魔のささやき」の色彩を帯びているからだ。徳ある君主が徳ある統治を行なうという「君主鑑」の伝統に対して、マキャヴェリはいやがらせのようなパロディとして『君主論』を書いた。というのも、彼はよき統治のための助言という「君主鑑」と同じ体裁をとりつつ、君主に悪魔との取引を薦めたのだ。

「君主たるものの鑑となる徳」と「機を逸することなき力ある君主は、ときに悪魔と手を結ぶものだ」という主張。これらはたしかに両極端だが、逆に言うと、君主と道徳、あるいは王道と覇道といった古くからの倫理的道徳的な対立軸上にある。その意味で、両者は同じ事柄の表裏、あるいは反転となっている。

ところが、フーコーはこれとは全然違う種類の文献、言いかえると発想や言語を共有しない文献群に注目する。それは、君主の統治の対象となる領土とは、領民とはいったい何なのかを探究しようとする文献群である。これらは、統治の対象自体をよく知り、そこに介入する術（すべ、つまり art）を持たなければ、よき統治など実現しないという考えに支えられている。ここでは君主の倫理や道徳性は、徳治主義の意味でもマキャヴェリの意味でも問題にはならない。君主にとって何より重要なのは、統治の対象をよく「知る」ことだ。それがあってはじめて、何をどのように統治すればよいかを理解できるからだ。

†権力と知

ここで二つのことを指摘しておきたい。一つは「近代国家の生成」というテーマを扱う際、フーコーがそれを道徳との関係あるいは宗教との関係ではなく、まず何よりも認識との関係、「知ること」との関係でとらえているということだ。一時期（一九九〇年前後）フーコーに影響された文章で、「権力と知」「知‐権力」などが合言葉として流通したことがあった。だが書いた方も読んだ方も、その意味するところが分かっていた人はどれだけいただろうか。私自身この標語がなんだかしっくりこなかったのだが、以下に述べる近代国家の例を通して考えてみると、彼が言いたかったことが分かる気がする。

フーコーが分析した人間と社会に関わる領域では、対象を知ること、あるいは認識可能な存在として対象そのものを生み出すことが「知」とされる。そして、その知が権力行使の際に、すなわち人が人と関係を取り結び、それを何らかの型にはめこむことで他者の行為を制御しある方向に向かわせる際に、利用されるのだ。近代国家の例に戻るなら、統治されるべき領土とその構成、そこに住む人々についての知がどのように形成されるかを見てゆくと、そこで作用する権力のタイプもまた、それと相関して把握できることになる。

†ウェストファリア的秩序——なぜ「国力」が問題になったのか

もう一つ指摘しておくべきは、ここで統治の対象を知りたいという欲求、いわば「知への意志」を生み出したのが、当時のヨーロッパに固有の歴史状況だったという点だ。そもそも近代的な意味での「国力」が問題となるには、特定の条件が必要である。

たとえばこれを「帝国秩序」との対比で説明してみよう。帝国秩序において重要なのは中心‐周縁の関係である。中心には絶対権力者（王あるいは皇帝）がおり、周縁は中心に従属している。しかし地理的空間的に中心から遠ざかるにつれてその支配は曖昧になり、周縁では多様な支配権力が維持され、一定の自立性を享受している。また、ヨーロッパ中世のようなキリスト教普遍帝国の理想の中では、帝国内の諸部分が競い合うという発想はなかった。帝国は一体となってキリスト教の外延を東方へと広げてゆくことを使命としていたのだ。

これに対して、近世・近代ヨーロッパ秩序とは何か。絶対王政と呼ばれる強力な王権の発達は、一つには宗教的権威からの世俗的権威の自立、一つには諸侯権力の排除による中央集権の確立によって特徴づけられる。だがそれだけではなく、結果として成立した主権国家群は、いつの日か一つの普遍帝国へと融合する時が来ることを想定していなかった。言いかえると、やがて終末の日、「歴史の終わり」が訪れるという千年王国的夢想とは無縁だった。競合する国家群という構図の下で主権国家は互いに競争し、政略結婚と戦争による国盗り合戦をくり広げた。つまりここでは、終わりなき世俗的な時間だけが支配しているのだ。

フーコーは、一六世紀から一七世紀に成立したこの秩序を「ウェストファリア的秩序」と呼んでいる。いわゆる勢力均衡策と結びついたこの秩序の中では、各国はチェスの駒に模した他の諸国との同盟や対立の戦略を練り、盤上で有利に立ち回ろうと策を弄した。だがチェス盤の上にある駒をすべて吸収する国家が現れ、ゲームが成立しなくなる事態は想定されていなかった。あるいは、そうした事態が絶対に生じないように勢力均衡策が採用されていたと言ってもよい。

一方国内に目を向けると、主権国家の競合というこうした特殊な状況の下で、各国は軍事力や領土の広さにとどまらない、内実を伴った「国力」を高めることを強いられる。そのために、「そもそも国力とは何か」を問いかけると同時に、実際の国力増強にも役立つ知が必要とされたのである。

フーコーは、勢力均衡策をとる主権国家秩序(ウェストファリア的秩序)、国力を測る尺度として金を重視し貿易差額を通じてなるべく多くの金を獲得しようとする重商主義、そして国内の秩序と人民の状態を把握し統制しようとするポリスが相互に関係し、「国家の力=国力」を高める知と政策、社会編成、そして権力の網目が築かれると考えた。規律のテクニックも国力増強のための手段として、こうした布置の中で利用されたのである。

†統計学・ポリツァイ学と無名のディスクール

では、このような背景の下で発達した国家の力についての知は、一つの「科学」なのだろうか。たしかにこの知は、道徳とよき統治とを無媒介につなげる「君主鑑」の系列や、道徳的悪も時に君主にとっては必要だとあからさまに主張するマキャヴェリ『君主論』と比べると、対象となる国家の性質や内容に踏み込んでゆく点で科学を指向しているように見える。だが他方で、こうした知はあまりにも強く政治的実践的関心と結びついており、科学法則や普遍の真理の探究といった高尚な科学精神とは相容れない。

フーコーが「知」という言葉で名指しているもの、それはたとえば「国情学」として出発したドイツ語圏での統計学のように、国土や都市の状態などあらゆる事柄を記述する「記述統計学」の様相を呈する。あるいはポリスについての学、すなわちポリス論やポリツァイ学として展開する。また、人口、出生、死亡について数値で記録する人口統計学を発達させ、都市の衛生と安全についての公衆衛生・都市政策学へと結実する。

だがそれは、もっと曖昧でおよそ「学」とは呼べないような多様な言説も含んでいる。国王封印状を求める嘆願書の中の呻《うめ》きや悲嘆、浮浪者の数や状況を記録する文書、そして施療院に収容された者たちについての報告、売春婦による治安当局への密告の記録、罪人の尋問調書も、こうした「知」の一部をなしているのだ。どうまとめたらよいのか分からないこれらの言葉の集まりを、フーコーはとくに「ディスクール（言説）」と呼ぶことがあった。こうしたディスクールが規律権力の行使に際して参照されるとともに、無数に蓄積されてゆくのだ。

これらの文書は、そこに関わる人たちの思惑、言いかえれば欲求から生まれたものに他ならない。そこでは知を欲することと権力を欲することが、解きほぐせないほど密に絡み合っている。

†知への意志

フーコーは『監獄の誕生』の翌年にあたる一九七六年に、『知への意志』という著書を出版する。タイトルをニーチェの『権力への意志』からとったのは分かるが、なぜ『知への意志』なのかは著書の中で一言も説明されていない。だが、『監獄の誕生――監視と処罰』や『古典主義時代における狂気の歴史』と比べて、タイトルと内容の相応関係はそれほど自明ではない。

『知への意志』が「ヴィクトリア朝」時代の性をめぐる騒々しいやりとりを描いた著書だと知ると、「知」とは、「意志」とは、ここではどういう意味なんだろう、何を指すんだろうとますます分からなくなってくる。いろいろ考えてみても結局このタイトルは著書の内容とすっきり結びつかないので、まるで服の上から背中を掻《か》いたようなまどろっこしさが残ることになる。

私は長い間、なぜあの本のタイトルは『知への意志』でなければいけなかったのかと考えてきた。これに対するはっきりした答えは依然つかめていないが、これが当時フーコーが考えていたこと、やりたかったことなんだと思えば、それほど奇異ではない気もしてくる。つまりは、これまで述べてきたような意味での「知」はニーチェにとっての「意志」と結びつき、さらに「知への意志」は「権力への意志」と呼応関係にあるということなのだろう。

知を渇望するとともに権力を渇望するヨーロッパ近代。その絡み合いが生んだグロテスクな存在が近代国家と呼ばれる。ヴィクトリア朝時代の性をめぐる喧騒《けんそう》は、知への意志と権力への意志が交錯するヨーロッパ近代の一つの挿話なのだ。

だがここで、ふたたび注意が必要である。知と権力の複合体としての近代国家という理解はいいとして、フーコー自身がその国家を「冷酷な怪物」として思い描いてはならないと言っているからだ。[10]ほこりのように些細な事柄にまで手を伸ばし、すべてを掌握しようとするポリスの装置。そこで用いられるのは、悪意に満ちたちんけな工夫の積み重ねとしての規律権力である。それなのに、近代国家を冷酷な怪物ではないというフーコーの意図はどこにあるのか。

これについて理解するためには、「フーコーの近代国家観」という、またしても頭の痛くなるテーマに踏み込むことが必要になる。次章ではこのテーマをさわりだけ取り上げるが、それを通じてフーコーが近代国家の特異性を独特の観点からとらえようとしたということの意味が、さらにはっきりしてくるはずだ。

第10章　国家理性について

†国家理性という言葉

前章では、『監獄の誕生』で再発見された「ポリス」の装置について、フーコーがその後どのような方向で議論を深めていったかを検討した。封印状の話との関連で出てきたポリスについての記述が、『監獄の誕生』では「規律が一般化し普及する際の機構の一つ」として収められているのに対し、その後の「統治」をめぐる研究の中で、ポリスの位置づけはより複雑な背景を持ったものへと変化してくることを述べた。

多くの読者が感じているはずだが、『監獄の誕生』を離れて「統治」の問題に入っていくと、話がとても難しくなってしまう。すでに出てきた言葉だけで頭の中が混乱しているかもしれない。統治性、統治術、君主鑑、マキャヴェリの『君主論』、帝国と主権国家、ウェストファリア的秩序、知と権力、国情学や統計学、知への意志と権力への意志などなど、たくさんの新しい言葉をたたみかけるようにくり出してしまうことになった。

難しいのはたしかだが、これらの用語の解説をもう一度くり返したところで、理解が深まるわけではないだろう。そこでこの章では、同じ筋立てで説明を重ねるのではなく、前の章で駆け足で素描したフーコーの近代国家についての見方を、別の角度から説明し直してみることにする。

取っかかりにしたいのは、「国家理性」という言葉だ。この言葉を出発点として、ポリスと規律権力に立ち戻り、国家に関する知と権力についてのフーコーの見方に接近したいと思う。前の章が近代の統治を「それとは違うもの」「それ以前のもの」との対比で説明し、あるいは近代の統治が出てくる歴史的地理的な背景や事情といった、いわば外側から、あるいは周りから攻めていくやり方をとったのに対し、この章では「国家理性」を手がかりに、彼の近代国家への目のつけどころをもう少し内側から説明してみたい。

国家理性という言葉が、現在ではあまり用いられなくなったのはなぜだろう。私が推測するのは次のような理由だ。国家が個人の自由を抑圧する装置で、公共善や公共の福祉を名目に個人からさまざまなものを奪い、最終的には生命までも奪い去るという、「恐るべき存在」であるというイメージ、つねに何かを奪われないよう見張っていなければならないような、個人と対峙する国家というイメージが、急速に失われたからではないか。

別の角度から言うと、戦争体験の恐怖と戦時体制への反省という、戦後長らく日本の人々の頭から離れなかった記憶がだんだんと薄れ、戦後しか生きたことがない人が増えるとともに、国家を何よりも暴力の主体としてとらえる動機づけが失われたのではないだろうか。国家の方針に反する政治的主張を行なう人々や労働運動指導者を闇にまぎれて連れ去り、拷問して獄死させるといったことが現に目の前で行なわれている時代には、刃向かう者には容赦なく牙《きば》をむく怪物として国家がとらえられても何の不思議もない。

もちろん、現在の国家にそうした側面がなくなったわけではない。監視と管理と不自由は消失するどころではないからだ。だがそれはフーコーの発想で言うなら「権力の巧緻《こうち》」によって形や担い手を変えてきており、国家が前面に出て思想統制を行ない予防的暴力を用いることは格段に減った。

†丸山眞男の国家理性論

　ではこうした変化によって、なぜ「国家理性」という言葉があまり聞かれなくなったのか。それは、この言葉が担ってきた意味に関係している。この意味を尋ねるのに最適の人物として、戦後日本の思想界をリードした丸山眞男の著書に当たってみることにしよう。

国家理性という言葉は、丸山の論文「近代日本思想史における国家理性の問題」（初出『展望』一九四九年一月号、『忠誠と反逆』に再録）で主題的に取り上げられている。そこで国家理性は、倫理と国家目的との間の相克を解き明かすための鍵概念となっている。

　なんだか難しい話が続いて辟易しているかもしれないが、何が論点となり、争点となっているかに注目してもらえれば、それほど難易度の高い話ではないので、がんばってついてきてほしい。丸山の国家理性についての理解と論じ方はオーソドックスなものだ。あるいは、戦後政治学の文献に親しんできた者にとっては、丸山眞男自体がオーソドックスな用例を誰よりも明確に告げ知らせた人だと言ってもよい。

　たとえば、ある国が別の国と相互不可侵条約を結ぶとする。もちろんそれはその国にとっては国際情勢の中で有利に立ち回るために必要だから結ばれたものだ。ところが国際情勢というのはつねに変転している。そして状況の変化によって、どうにもその条約が邪魔になりはじめたとする。ではその国は条約に違反して相手国と交戦状態に入ることが許されるだろうか。

こうした事例は一九世紀から二〇世紀にかけて実際にしばしば起こった。それ自体ウェストファリア的秩序というヨーロッパの秩序が時代に合わなくなってきたことと関係している。だがここでは問題を、国家理性との関係に特化して理解しておきたい。

ここで条約に反してでも戦争することは、当然何らかの別の利益と結びついている。たとえば、そうしなければきわめて重要な関係にある第三国との国交断絶に至る、あるいは自国に全く不利なしかたで同盟が組まれており、これに反対して交戦しないわけにはいかないなど。ここで国家理性とは、国家にとってのこうした利益と、条約の遵守という倫理（この場合には国際法上の正義）との相克に直面して、国家の利益の側に与《くみ》して行動する「理由 raison」＝理性 raison のことだ（フランス語で国家理性は「レゾンデタ raison d'État」という）。

ここで語源学をやるつもりはないので、この場面での用例に即してもう少し説明を続けよう。国家の利益に与して行動する理由というのはどういうことだろう。そこには、「国家はそれ以上何にもさかのぼることができないという意味で一つの本質だ」という考えが背後に控えている。この考えは近世政治思想にしばしば見られる立場で、たとえばボダンが主権のイメージをさまざまに語るとき、他の実在にさかのぼることも他の何かによって基礎づけることもできない国家の「本質性」を、主権という言葉に託していたと考えられる（ボダンと主権については、この章の最後にもう一度言及する）。

そうなると国家は、たとえば国際法上の道義や倫理を逸脱し、「戦争と平和の法」と対立するものであっても、ときには自己の本質を維持し国家が国家として存続するための選択をしなければならないことになる。これは国家独特の「理由」であって、選択と行動の理由＝原因は国家以外の何ものにもさかのぼることができない。国家は自己を維持し発展させるために、ときには倫理や道徳、正義に反する政策をとることもあるという話になる。

ここで倫理や道徳とは、当時のヨーロッパ政治思想の用語では自然法と呼ばれ、あるいは一国の法を超える秩序としての万民法と呼ばれるものに相当する。その最終的な保障者は神または自然化された神的秩序であり、また時間や場所の制約を超えた正義だったことを考えると、国家理性とは、近代主権国家がキリスト教普遍帝国から自立を要求するための一つの表現だったことが分かる。

†戦時国家の倒錯

これが冒頭に書いた戦時体験云々と何の関係があるかと思われるかもしれない。丸山眞男自身が（とくに一九九二年に付加された「補注」で）明確に述べているように、戦時国家というのは、この意味での国家理性をしばしば顕《あら》わにする、きわめて反倫理的な選択をなしうる国家だった。それは国際関係や外交上のルール違反をくり返すだけではない。ある国に住む人々の思想信条の自由を「国家にとっての危険」の名の下に踏みにじり、経済的自由もまた戦時統制を理由に極端な制約下に置いた。それにとどまらず、徴兵、工場徴用などを通じて、人々の生命そのものを奪い取ったのである。

国家のために自らの生命を犠牲にすることを要求する。この意味でむき出しにされた国家理性を、丸山は「倫理や道徳との緊張感を欠き、もはや国家理性とすら呼べない」と断じた。近世ヨーロッパで「国家は倫理や正義との相克が生じたときにいかにふるまうべきか」が論じられた際には、つねに倫理や正義の重み、それを踏みにじることの重大性が意識されていた。ところが戦時国家はそれを忘れ、国家を至上の価値とするがゆえに多くの生命を犠牲にするという一種の倒錯に陥ったのである。

この議論はマイネッケというドイツの歴史家の著作に触発されてなされたものだが、緊張感みなぎる文体で議論を次々ひっくり返しながら勢いで結論に持っていく丸山の筆力に圧倒される。だからこれはこれで実に大傑作なのだが、フーコーの国家理性のとらえ方とはまるで違っていて、この違いそのものが彼の近代国家観にダイレクトに関係している。次にこのことを説明しよう。

†マキャヴェリの問い

フーコーの話の中では、国家理性には闇にまぎれて人を連れ去る恐ろしいイメージはない。彼にとって、倫理と国家理性との相克は問題になっていない。ただし国家理性についての言説が「国家の本質とは何か」に関心を持つ点で、それは近世政治思想における国家論の一部をなしている。このことを前の章で述べたことと関連づけるなら、丸山やマイネッケに見られる国家理性と倫理という対立軸は、君主鑑対マキャヴェリの対立の再現であるのに対し、フーコーが考える国家理性はそれらとは別次元に国家についての問いを立てるのだ。

君主が道徳的に立派な人物であれば、それだけで優れた統治者だと言えるのか。一国の君主が身につけるべき「術」や知恵は、単に人々とつきあう上で意味を持つ倫理ではなく、政治と国家の現実に根ざしたものであるべきではないか。マキャヴェリの問いをこのようにパラフレーズするなら、では政治と国家の固有性とは何か、それを扱うために必要な術とは何かという問いが生まれ、そこで用いられる固有の論理や「理性」が、倫理や道徳に反することもありうるという議論が出てくる。

マキャヴェリがときに国家理性論と問題を共有する思想家とみなされてきたのも、こうした着眼点に関係している。つまり、政治と国家に固有の理性、理由を問う可能性は、マキャヴェリによる道徳や倫理との正面からの対決によって開かれたのだ。だからこそフーコーは、自身の国家理性についての考えを述べる手はじめに、それがマキャヴェリ『君主論』のモチーフとは結びつきようがないことを、ことさら強調しなければならなかった[11]。

†フーコーの国家理性論

ではフーコーは国家理性をどのようなものとしてとらえたのか。彼にとって国家理性は、目的のためには手段を選ばず、ときには悪魔と手を結んででも「国家の存続」を目的として選択する「理性」ではない。そうではなく、国家理性とは、国家とは何か、国家の本質とは何かという問いに導かれ、その内実を探ってゆく実践的で実用的な学問全体を生み出した一つの概念、一つのものの見方である。

この概念はキリスト教における「神の国」の下僕から、あるいは神の国が実現するまで人間がとどまらざるをえないかりそめの居場所から、世俗国家が脱却する際に必要とされた。そしてその概念が内実を持ちリアリティを獲得するために、国家というシニフィアンの中身を埋める「意味」「内実」「実質」としての一連の知が要求され、生み出されたのだ。

こうした意味での国家理性論の例として、フーコーは一六世紀末イタリアのボテロとパラッツォ、一七世紀のヘムニッツ(12)、一七世紀フランスのノーデ、イングランドのフランシス・ベイコンの文献を挙げる。知らない名前が多くても心配しないでほしい。私もベイコンしか知らなかった。それも「知は力なり」と言った人物としてどこかで読んだだけだ。そこでここでもフーコーの叙述の順序にこだわらず、分かりやすく説明したい。

フーコーが注目することの一つに、ここに挙げたような人たちが国家理性として考えていた事柄は、国家の創設よりその維持と拡大に関わっていたという点がある。これはとても特徴的なので、そこに注目してみよう。そしてこの特徴を、たとえば社会契約論と対比してみよう。

近代政治思想、あるいは近代国家についての理論の代表とされてきた社会契約論は、国家創設の理論である。もっと言えば創設の正統性をどのような論理そして根拠によって基礎づけるかの理論だ。たとえばホッブズの『リヴァイアサン』は、自己保存の欲求を人間の自然だと認めることから出発して、いかに政治社会を立ち上げることができるかの思考実験だった。

これに対して、国家理性の理論家たちが関心を持ったのは、すでに与えられた国家を維持し、それを衰退から遠ざけ、繁栄と増強を手に入れるにはどうすればよいかだった。つまり、フーコーの着眼点からするなら、国家理性はたしかに国家の本質とは何かという問いと結びついている。その意味で、中世的な国家観（神の秩序の一部としての国家）と比較すれば近代的な発想に立っている。だがフーコーが考えるそれらの理論の近代性というか「新奇さ」は、国家の本質をその実定的な中身、国家の内実として実際の「力」を構成する要素のうちに見出すところにあった。

国家はここでは、ときに倫理を凌駕する万能のリヴァイアサン、つまりは「冷酷な怪物」ではなく、また倫理と対立する中でその本質を顕わにする悪魔のような存在ではない。国家理性論は、国家の力というものを、所与の国土、人民、地理的特性、気候風土（実際に「風土」という言葉が使われるようになるのはもっと後だが）などから成る総体としてとらえる。

さらに、こうした「国家の本質」を国家の実際の構成要素と関連づけてとらえることから、国家を与えられた現実としてだけでなく、介入によって改変することができる対象として見る、そうした見方が開かれる。フーコーはたしかに、近世の国家理性についての理論が思弁的で神秘主義的な傾向を持ったことも認めている。しかしそこでの視点の転換、国家から神の秩序や自然の秩序を含む一切の外部への準拠を取り除いた状態でその中身を問うという発想が、その後のもっと実用的で実践的で非思弁的な知と学問が生まれるきっかけになったことに、もっと注意を払うべきだと言う。

†規律権力から生権力へ

ここに至って、この章で書いてきたことがポリスおよび規律の装置という前の章のテーマと接続することになる。国家理性論における「国家そのもの」についての問いは、国家が擁する人々の特性、都市と農村の生産物の種類と数量、その変動、天然資源の分布、港や河川の利用のあり方と地理的特徴など、国家内にあり、国家の力＝富を増大させるために利用できるすべての要素を、国家の力の尺度としてとらえることにつながる。

ここで国家の力は、王朝が支配する領土の広さだけで測られるわけではない。あるいは王が行使できる軍事力や、司法を超えて行使できる暴力によってのみ理解されるのではない。それらは国家の力のごく一部でしかない。だからこそ一七世紀以降、人口学や統計学、国情学、ポリツァイ学、都市政策学、公衆衛生学、臨床医学、人口地理学など、人間の生存と国家の力を結びつけるありとあらゆる学問が生まれ、発展してゆくことになるのだ。これらはときには官製の制度として、ときには大学内に、あるいは国家からは独立した組織として、さまざまな形で国家とそこに生きる一人一人の人間の生を結びつけながら掌握し、双方の力の増大と活用を目指す知を構築してゆく。

これを「生権力の時代」のはじまりと考えてもよいし、生が政治の第一の関心事となる出発点ととらえてもよい。こうして、一方に規律という工夫の寄せ集めのテクニック、その系譜をたどると慎ましくもいかがわしい技術の総体があり、他方に近代国家という巨大な存在がある。フーコーはこれらを関係づけるために、国家理性という一六世紀末から一七世紀の新しい考え方を呼び出してくる。そこから、ポリスの装置と規律の仕組みが「国家の力」についての知と関連づけられ、ミクロな関係の話(フーコーの権力論としてしばしば語られてきたもの）とマクロな近代国家史とが結びつけられる。

もちろん、両者の接合についてはもっともっと多くの中間項を入れて考えなければならない。それに関しては、近世政治思想の宝の山に全く接近できていないだけでなく、フーコーが書き残したことだけでも、大部分ここでは取り上げられなかった。正直言ってここは私にとってフーコー研究をこれからやっていく上での本丸なので、おもしろくももったいない話をこれ以上詳しくできなくて残念だ。

だがここでもまた、フーコーの本領が発揮されるのは古典主義時代の考察だということは示せたはずだ。そして、国家理性と国家の力、近代国家における統治という問題設定を通じて、『監獄の誕生』で描かれた規律というテーマが生権力というテーマへとつながっていくことも、さわりだけでも押さえることができた。

ここで出てきた生権力という言葉は、近代の権力を名指すためのフーコーの造語で、彼の近代権力理解を示す重要な用語だ。でもこの言葉が腑に落ちるためには、彼がそれとしばしば対比して用いる「法的・主権的権力」について、その内容をある程度理解しておく必要がある。次章でこのテーマを考察することになるのだが、その前にここでちょっと頭を整理して、迷子になっているかもしれない読者に道筋を示しておこうと思う。

†「主権」とは何だろうか

次章での検討に先立って一言述べておきたいのは、主権という言葉の多義性についてだ。わずかな紙幅で書ける話でないかもしれないが、とりあえずがんばってみる。主権は政治思想研究者を泣かせながら喜ばせてきた、とても奥の深い言葉らしい。そしてそういう言葉によくあることだが、意味を一つに確定できない難しさがある。

そういうときは権威にすがるのが一番なので、近代的な主権概念を確立したと言われる、ボダン『国家論六篇』(一五七六)をのぞいてみる。ボダンについては国家の「本質性」の探究者として先ほど紹介したが、この人は国家論を確立しようとして主権の定義に四苦八苦している。[13] ボダンによると、「主権を有する君主の第一のしるしとは、広く万人に、あるいは個々別々に、法を与える権能である」(『国家論六篇』第一部第一〇章)。法を与える権能か。分かったような分からないような話だ。

だがここに、すでに主権のどっちつかずさが表れている。というのも、主権が法を与えるということは、主権自体は法の外にあるのか、それとも主権は法そのものなんだから、やっぱり法の内部にあるのかよく分からない。ボダンはこの本で、主権というのがお父さんの権力や主権を委任された人の権力や、その他もろもろの権力といかに違っているかを延々と論じている。そして主権がなぜ特別で他と違うかの理由の最たるものとして、前の引用にあたる「法を与える」という要素が出てくるのだ。

ということは、主権者というのはとてもスペシャルで、全く何もないところからどんな法でも好き勝手に作れる、ひるがえって自分だけは法の支配を受けないベルルスコーニ首相のような（ちょっと違う気もするが）人のようにも見える。だが、法を与える究極の根拠が、全く法外なことをやるというのも変な感じがする。ここで国家理性についてのマイネッケ－丸山的論点との接点が出てくる。

というのもこれは、主権が国家の究極の根拠だとするなら、その主権を担う者はあらゆる法と自然と倫理と道徳と正義を超えることが許されるのか、という問いにつながっているからだ。今「許される」と書いたが、それ自体実は語義矛盾になっている。究極の根拠なんだから、許されるもへったくれもないと言えばないのだ。

次の章で書くことを先走って語ることになってしまうが、これをシュミットのように理解すれば、主権者は万能で非常事態にはあらゆる可能性を握るという立場にもなりうる。しかし、法を与える者が全く法外であるかどうかはそう簡単に決まるわけでもない。逆に言うと、主権というのは法の問題、合法性と正統性、それが何によって根拠づけられるのかという問いと切り離して論じることができず、つねに法と正統性の言語と近接した場に置かれざるをえないのだ。

つまり主権という言葉を用いて思考するなら、万能の主権者や国家のための暴力（国家理性に基づく暴力）といった問題を論じる際、必ず法との関係で、それが合法的か正統性があるかを問われざるをえなくなる。さらにその問いは、現に主権を担っている者がどういう意味で正統な主権者だと言えるのかという、一種の「主権の血統」の問題を呼び出してしまう。天皇が主権者でありうるのか、国民主権とは何かといった問いには、この問題がつきまとっている。

こう書くと、主権をめぐる議論というのはややこしい上、それについて発言を重ねるうちに、だんだんと話が神秘的で訳の分からないものになってきそうだ。フーコーはおそらく、主権にまとわりつくこの微妙さと不気味さ、陥りがちな罠についてよくよく考えたことがあると思う。だから彼はあえて、主権を「法」そして「権利」の言語へと引きつけて理解したのだ（ただし次章で見るように、主権にまつわる血の問題と死と暴力の問題をめぐって、彼の議論は揺れている）。

主権を法とセットで理解するというのは、特殊な見方のようでもある。だが逆に言うと、読み手である私たちの方が、もっぱら非常事態や法外の暴力や「高度な政治的判断」の観点から主権をとらえることに慣れてしまっているために、特殊に見えるにすぎないとも言えるのだ。

こんなかけ足ではさっぱり分からないと文句が出そうだが、ここで勝手に結論を言うと、主権についてのフーコーの見方は、国家理性をどうとらえるかという章で扱ってきた問題と直接関わっている。そこでこの点を次章で深めてゆくことにしよう。

第11章 非常事態の政治か、日常の政治か——主権と生権力を考える

†法的権力は、死への権利なのか啓蒙なのか？

前の二章で、フーコーがどこに注目して近代国家をとらえようとしたかについて述べた。彼は道徳や倫理との対立と相克よりも、国家の「本質」が問われ、それに伴って国家が「知」の対象として知覚されるようになったことを重視している。そこから新たな学問領域が出現し、あるいは国家と個人の生とを何らかのしかたで結びつける多様な言説が蓄積されていったからだ。規律権力やポリスの装置もこれらの言説との関連で、近代の国家と政治を特徴づける一要素として理解された。

この章では、フーコーが近代の国家と政治をとらえる際のもう一つのキー概念である

「法的・主権的な権力」あるいは法権利の問題を、彼がどう扱ったかを考察したい。すでに前の章の終わりを読んだ人は勘づいていると思うが、この部分はまたまた「フーコーの近代」を理解する上で最も難しいところの一つだ。そのためフーコー解釈の中でもさまざまに語られ、論者の強調点の置きどころによって違った説明がなされてきた。

フーコーはいろいろな関心から読まれてきたため、その都度文脈に応じて違った理解がされてもとくに驚くことではない。逆に言うと、そのどれかをフーコー解釈の決定版と考えるべきでもないということになる。また、彼自身が目まぐるしく立ち位置を変化させ、それに合わせて以前語った事柄を位置づけ直し、違ったしかたで示しつづけたことも、解釈に幅が出る原因になっている。ここでは、論者の側での特定の実践的関心に基づいた読解ではなく、あくまで「フーコーの思想」を全体として理解することを目指して、彼にとっての法的権力について説明したいと思う。

『監獄の誕生』の中ですでに、フーコーは規律権力の社会への浸透を、法とは異なるメカニズムと回路によるものとしてとらえている。ここでは、罪刑法定主義、裁判によらない処罰の禁止、一般人の頭の中で犯罪と刑罰がすんなり結びつくような刑罰体系など、啓蒙主義の刑罰改革論者たちの構想が、「法的な権力行使のあり方」として念頭に置かれている。

というのも、とくに第二部第二章「刑罰のおだやかさ」で、刑罰改革論者の処罰体系について、「法的主体を再構成する」とか「社会契約に関わる法的主体を重視する」といった表現をしているからだ。これに対して、規律は服従を強制される主体を作り出すもので、司法権力からは相対的に独立している。といっても分かりにくいと思うので、具体例を挙げてみよう。たとえば、司法制度と法体系に則った裁判で刑が言い渡されたとしても、規律の場である刑務所での刑期の短縮や延長はいくらでもありうる。また裁判プロセス自体にも、精神医学者や犯罪心理学者など、法の言語ではなく治療と矯正の言語を用いる人々が徐々に入り込んでくるといった事態のことを指している。

つまりここでは、法的権力が啓蒙主義的な刑罰改革の主張と結びつけられ、規律がそれとは異質の、服従と生産性を同時に高めるタイプの権力として理解されている。「自由を発見した「啓蒙時代」は、規律をも発明したのである」（『監獄の誕生』二二二頁）という有名な一節は、このことを指したものだ。形式的な法の支配の下方で、規律はひそかにしかし着実に強制し服従させる権力の網目を広げていったというわけだ。

ところが、『監獄の誕生』でのこうした対比は長くは続かない。翌年の『知への意志』

になると、「死なせるか、生きるままに放っておく権利から、生きさせるか死へと廃棄する権力への置きかえが起こる」[14]（『知への意志』一七五頁）として、新たな対比がなされている。

ここで「死なせるか、生きるままに放っておく権利」として描かれるのは、「主権の権力（君主の権力）を象徴する、死をもたらす古き力」（同一七七頁）であり、これは『監獄の誕生』では身体刑を行使する王の至上権に当たる。さらに『知への意志』では、王によるこうした生殺与奪の権利、生命や財産からの天引きを旨とする権利が、法と関連づけられる。「法はつねに剣と結びつき」、それは「主権という領域において死」（同一八二頁）をもたらす権力となる。

つまり、主権の権力、王の至上権、生殺与奪の権利は、法の言葉を語り、法という装置を用いて行使されるのだ。したがってここでは、華々しい処刑の儀式をくり広げる身体刑の体系が、法を用いる権力と同一視されていることになる。

†法的権力とは雑多な権力である

では死への権利対生権力というこうした対比からすると、啓蒙主義の刑罰改革の位置づけはどうなるのだろうか。これに関する言及は『知への意志』にもそれ以降の著述にも現れない。だが、『知への意志』出版前の一九七六年一月にはじまったコレージュ・ド・フランス講義の中にヒントが含まれている。しかたがないのでそれを参照することにしよう。

この講義のタイトルは「社会を防衛しなければならない」だが、タイトルと内容に相当隔たりがある。内容からすると、たとえば「権力をどう語るか――「戦争としての政治」言説の検討」の方がふさわしい。(15)

それは措くとして、この講義の第二回目でフーコーは、「主権の法‐政治的理論は……中世にまで遡る。ローマ法復興に起源を持つこの理論は、君主制や君主をめぐる問題群の中で徐々に形づくられた」(『社会は防衛しなければならない』三七頁)と述べ、こうした言説群の歴史をたどっている。

彼によると、法と権利の用語で語られる政治理論は、封建制、つづいて行政君主制(絶対王政を指す)を強固にするために用いられ、一六・一七世紀には君主権力の擁護者とその反対者の双方が、主権と権利の言語を用いて自らの正統性を主張した。つまりこの時期、法と権利は政治的論争に加わったさまざまな陣営にとって共通の言語となっていたのだ。

さらにルソーの時代には、法と権利の言語は絶対主義に抗して民主主義を擁護するという使命を帯び、この役割はフランス革命まで続く。

つまりここでの整理によるなら、フーコーは『監獄の誕生』で身体刑の体系として描いた権力行使のあり方と、啓蒙主義の改革論者によるその批判との双方を、法、権利、主権、死への権利、死なせるか生きるままに放っておく権利として一つのものとみなしていることになる。だが少し冷静になってみると（フーコーを読むには、いつも冷静に「距離を保つ」ことが大切だ）、法と権利の言語を用い、権力の正統性について議論するというだけで、王権神授説も社会契約論も身体刑の儀式も啓蒙主義の刑罰論もすべて一緒くたにしてしまうというのはどうにも大ざっぱな話だ。

古文書を探るのが大好きで細かい資料を読み込むわりには、フーコーにはこういうざっくりしたところがあって、これが歴史家に素人とけなされるゆえんだろう。だがここでは気を取り直して、この本がフーコーについて語る本だったことを思い出し、もう少しだけ彼の主張につきあうことにしよう（フーコーを読むには、いつも愛と忍耐が大切だ）。そうするとここで二つのことに気づく。

まず、彼がこうした議論を行なった一九七〇年代後半には、権力の問題をその正統性、法的根拠づけといった観点から理解しようとする傾向が非常に強かった。(16) しかしフーコーは、こうした思考にとらわれることで見落とされてしまうもの、見えているのに気づかないものがあまりに多すぎると考えていた。権力について考える際、法や権利、主権や正統性の言語から自由になること。そのためには多少乱暴であっても、これまで用いられてきた政治と権力についての言語、当たり前とされている「語り方」を一度水に流す必要があるのだ。

もう一つは、フーコーがイメージする法的な権力というのは歴史的にも言説の種類としても非常に範囲が広く、いわば雑多な内容が含まれているということだ。この点にはこれまであまり注意が払われていないのだが、啓蒙主義も王権神授説も、あるいは中世諸侯権力の裁判権も含むということは、この権力についてフーコーが何かを述べるとき、それを聞く側はこの点を割り引いて理解する必要があるということだ。話の流れからくる特殊事情や細部にとらわれて全体としての筋を追うのを忘れてはならない。

†「主権権力」は血塗られた権力か?

なぜこんなことを強調するかというと、「主権権力」という言葉が後に独り歩きし、それが死神博士のような恐ろしい形相の権力であるかのように理解されている節があるからだ。

これはフーコー自身にも原因がある。というのも彼は、「社会を防衛しなければならない」最終講義、そして『知への意志』第五章で、ナチズムの人種主義が生へと介入する権力のうちに古き死への権利を招き入れたと語っているからだ。さらには法的権力と「血の象徴論」（君主の血統についての考察から、剣としての権力、戦争での勝利にいたる、「血」をめぐる一連の思考）との結びつきをほのめかしながら、ナチズムを血に対する幻想と規律権力との結合だと語っている。

このナチズムの引証はなかなか強烈で、こんな風に言われると法的権力とは血のついた剣だ、あるいは強制収容所のガス室だというような印象を与えてしまう。これはフーコーの本意だったのだろうか。

はるか前の章だから読者は忘れたかもしれないが、すでに述べたように『監獄の誕生』でフーコーは、身体刑を節度を失った激情的な残虐と同一視してはならないと強調していた。また、王の主権とは法を度外視する権力の発動を誇示するためのものではなく、むしろ法と権利の言語を用いて権力の正統性を確保するための理念として、主権概念を理解すべきことを説いていた。だが、ひとたび人種主義と血と大量殺戮《さつりく》をめぐって語り出すとフーコーは何か「たが」がはずれてしまって、曖昧なのにインパクトの強い表現が次々飛び出すのだ。

ここにはおそらくフーコーの迷いがある。彼は一方で古典主義時代に絶頂に達した王の主権を、中世に法学の錬磨を通じて築かれてきた法と権利の言語、司法装置と裁判制度の体系へと結びつけようとした。そこでの主権者とは、法の制定者であり究極的な法の源泉である。王がなければ法はなく、法なきところに正義はなく、正義なきところには自然状態のような「法外の」無秩序があるだけだ。

ではその主権者の正統性を誰がどのように与え、保障するのか。この核心的争点をめぐって、教会の権威を通じて与えられるという立場、神から直接与えられるという立場、また王であっても古来の国制に反した統治は許されないとする立場、暴君を放伐する古き権利を謳う立場など、さまざまな主張が現れる。しかしこれらはいずれも、法と権利をめぐって交わされた、法権利という言語を用いた論争であり、その外に出ることはルール違反だった（ここでは、前章の最後に述べた主権の多義性はひとまず措いて、フーコーは主権を法の言語に引きつけて理解したと考えてほしい）。

フーコーは『監獄の誕生』を執筆する過程で、こうした議論とはまるで土台を異にする政治についての思考を探り当てたと考えた。それは規律権力について調べを進める中で見出された、生をめぐる権力である。この権力は、法を楯にして剣を振りかざし、死をちらつかせて被治者を脅すのではなく、生そのものに介入し、コントロールし、支配し、生きて生活する人間により多くのものを産み出させるような権力だった(17)。

†戦争をめぐる言説——生権力にとって死の問題とは

ここで一つ問題が出てくる。ではこの権力、つまりは生への権力、生権力は、死といったいどのような関係にあるのか。フーコーにとって、古き死への権利とは異なり、生を豊かにし、より多くを産出することでそこから多くを得るはずの生権力が浸透した現代は、大量殺戮や大戦争によって以前とは比較にならないほど多くの人を死へと廃棄しつづける時代でもある。なぜこんなことが起きるのか。もっと一般的に言うなら、生権力にとっての死の問題をどのように理解すればよいのか。

おそらくフーコーは、この問題について思考をめぐらす中で、戦争という概念に行き当たったのだ。そして法と権利と主権をめぐる言説と区別する形で、一七世紀ごろに出現した戦争をめぐる言説（つまり、主権論を含む法権利の言説とも生権力とも別の、第三の言説群）

を、権力を把握するための新しい言語として用いられるのではないかと考えた。

だがこの目論見は、結局戦争の言説をテーマとした一九七六年の講義終盤にフーコー自身がはずれだったと認めることになり、死をめぐる権力を血統や貴族の歴史や戦闘による征服と結びつける試みは放棄された。そしてこの計画の先にあったはずの、戦争の言説を経由することで生権力にとっての死の問題を明確にするという見通しも失われた。一九七八年には、フーコーはふたたび生権力の問題に立ち戻るが、そこでとられたアプローチは死の問題をさしあたり棚上げするものだった。

だがその後も、死への権力を主権と結びつけ、主権を生殺与奪権と、それをさらには血を流させ死をもたらす究極の権利、あるいは主権者＝君主が生じさせる例外状態、権力のむきだしの姿とするイメージは残り、巷《ちまた》に流布した。ここで主権者は、法の言語よりも死と暴力をもたらす法外な権力の側に引きつけて理解されている。また、戦争の言説というフーコーの意図としては主権論とは区別された「第三の言説群」を考察する中で出てきた生権力と死への権利（ここでは国家による「殺す権利」のこと）との結びつきというテーマが、なぜか国家主権と血と暴力との結びつきとして理解された。

こうした血と剣と主権と死への権利が融合するイメージを、フーコーはそれほどしつこくひんぱんに語ったわけではない。またそもそも議論自体が整理されていないのだが、このイメージはとても人気があるらしい。そこには明言こそされないが、法外な暴力や例外的な力の行使、非常事態として権力の究極の姿を描きたいという、読み手の側のある種の欲望が潜んでいるのではないかと思う。

私はこれを一種の陰謀論的思考とみなしているが、左翼の現代思想好きには支持者が多い気がする。この見方によると、血塗られた暴力を主権の名の下に行使する王の権力とナチズムを結びつけるくだりは、フーコーがとうとう権力の正体について語った最高に盛り上がる箇所ということになる。だが、これはどうも上手くない見方だと思えてならない。

一九七六年はフーコーにとって試行錯誤の年で、たしかに講義では「戦争と血統をめぐる歴史言説」と「法と正統性をめぐる政治言説」を対比したり、『知への意志』ではナチズムを生権力と死への権利の交錯として描き、さらには死への権利を血の象徴論と結びつけたりしていた。

だがその後、彼がこうした議論に立ち返ることはなくなる。生権力の問題を戦争の言説を通じて死への権利と接合する試みは放棄された。これ以降フーコーは、むしろ生権力がどのような出自、系譜を持つのか、またそれを探究することで近代国家がどのように見えてくるのかといった、言ってみればきわめて正統でど真ん中の問題に取り組んでゆくことになる。

読者の中には、法権利あるいは主権の見方というマニアックな問題を、なぜこんなにしつこく話題にするのか不思議に思う人もいるかもしれない。だがこれは、「権力をどうとらえるか」あるいは「政治をどうとらえるか」についての、根本的な態度に関わる問題なのだ。

政治と権力についてはさまざまな見方があるが、その中に政治本来のあり方を非常事態、例外状態、すなわちその「究極の」姿でとらえようとする傾向が存在する。これは先ほど「陰謀論的思考」と呼んだ考えだが、フーコーの名を冠してこの種の見解が主張されることがある。こうしたイメージは、すでに述べた彼のナチズムについての言及や、近代国家を「悪魔的」とする不用意発言などに加えて、『監獄の誕生』冒頭のダミアン処刑の衝撃描写などによって増幅されたと考えられる。

†カール・シュミットとフーコー

だが、こうした政治のイメージを作り上げ、流布させた「犯人」としてフーコーよりよほどふさわしい人物がいる。それはカール・シュミットだ。世界が非常事態に震撼させられるたびに墓から呼び出されるシュミットだが、二〇〇一年の同時多発テロ以来、新たなブームが起きているらしい。

シュミットの政治像の核心部分にはカトリック神学に基づく難解な制度論が控えていて、ここは私にはよく分からない。だが少なくとも、彼が例外状態と非常事態が大好きだったことは分かる。シュミットは主権者が非常事態に際して法を超えた政治的決断（超法規的決断）を行なう点を強調し、政治とは究極的には誰が友で誰が敵かを決め、それに基づいて行為することのうちにあると主張した。また、個別利益の談合の場と化した議会制に民主主義を見出すことはできず、拍手喝采の全員一致こそ真の民主主義であるとした。

彼はこのように決断主義やポピュリズムに接近する政治像を語る一方で、具体的秩序思想や制度論的秩序観を持っていた。両者がどう整合するのか、あるいは途中で立場が根本的に変わったのか不明だが、これまでシュミットの政治観としてよく参照されてきたのは、決断主義や議会主義批判の側面である。この「シュミット的」政治観、例外状態と非常事態から政治を眺める発想が、フーコーにとっての権力と近代国家を理解する際の妨げとなっているのではないかというのが私の考えだ。(18)

これまでくり返し述べてきたとおり、規律権力とはつまらない工夫が積み重なってテクニックとして精緻《せいち》化されたものである。また生権力とは、人間の生の営みへと介入する権力である（規律権力と生権力の関係については、ややこしいのでここでは深入りできないが、ひとまず生権力の一部が規律権力だと考えておけばよい）。これらは非常事態や究極の選択の機会にその本性を顕わにするのではなく、日常の中で社会のすみずみに浸透し、どこでもありふれた場面で、私たちの生活に寄り添っている。

したがって、事態を次のようにとらえるべきだ。まず、生権力と主権権力の「悪魔的な」結合ではなく、それらが区別されるべき異なった型の権力であるという知見を保持すること。また主権については、その例外を志向する特質、法を凌駕する傾向よりも、それが法や権利と結びついて理解され、法の言語の中で鍛えられてきた概念だというフーコーの主張に注意を払うこと。

†「非常時」から政治を考える幼稚さ

ここまで読んでみても、読者にはなぜ私が非常事態や例外状態から権力と政治を考えることをこんなに嫌がるのかまだよく分からないかもしれない。そこでさらに理由を説明しておこう。

まず、究極の状況や非常時における最悪の事態を参照点とするなら、分析と批判の力点は当然そこに置かれる。これは一方で、最悪の状況を基準として現在を測り、位置づけ、とらえることにつながる。現実の中にある最悪の事態の兆候を、必死になって探すことにもなる。逆にまた、日常を非常事態に比してゆるんだもの、程度の軽いものとみなすことから、日常に安住するとみなされた人々の堕落や頽落を非難することにもつながる。非常事態の思想は、権力が暴力という本性をむき出しにする瞬間を根拠に権力を批判する一方、例外状態において政治が悪魔的本性を現すのを待望するという、一種逆説的な態度に陥る。

私はこうした政治観をとても幼稚だと思う。何というかそれは、戦争や非日常を想像するだけでわくわくし、そこで主人公になって戦う自分を妄想するのに似ている（そしてチープなホラー映画や興行収入重視の戦争映画では、周囲にどれだけ死亡フラグが立とうと主人公は必ず生き残る)。こうした見方が、国家と政治と権力を「大人」のやり方で解読する試みを妨げてきたのではないか。政治が生み出す究極の姿として例外状態やむき出しの生があることを認めるにしても、なぜそこを出発点に政治を語らねばならないのか。むしろ日常性の側から、通常状態における政治と権力の側から思考し、日常から非常時へと接近してゆくべきではないのか。

危機と非常事態を尺度として日常を測り評価するのは危険だ。日常は非常時からはとらえきれないだけでなく、日常の延長だと思っているところにいつの間にか非常時が紛れ込んでくるのであって、その逆ではないからだ。そして、災害のような究極の非常時が突如出現することがあるにしても、そこから続く日常をどう生きるか、つまりは「その後の不自由」を何につなげてゆくかに未来がかかっていることは、大震災と原発事故のその後を生きなければならない私たちにとって明らかではないだろうか。

主権に血と暴力の臭いをかぎ取り生権力に死の影を見るのは、ひとまず止めてみてはどうか。主権の理念をそれが構築された法の言語へと埋め戻し、また生権力と規律権力についてはその生産性、さまざまなものを生み出しつつ秩序を維持するための効率性をどうやって実現したのかに、焦点を合わせるべきではないだろうか。

もちろん、死と暴力はそこに再び現れることになるのだが、「どちら側から接近するか」は二次的問題ではない。それはすべてを変えてしまうのだ。フーコー自身、権力について「何が」「誰が」ではなく「どのように」を問うべきだとくり返していた。これは言いかえれば、権力にどちらの側から接近すべきかについて、その接近法をなぜとるかの意図だけでなく、そこから何がどのように見えてくるかの帰結も含めてつねに敏感であれということだ。

寺山修司も言っている。「醒《さ》めて歌え」と。非常事態に政治の本性を見るのは、まるで酔っぱらいの歌か子どもの空想だ。醒めて歌えば日常が別のものに見える。一見ありきたりの日常をありきたりでないやり方で眺めることで、全く違った現在を映し出す。そこには決して失われることのない冷静さや現実感とともに、内に秘めた熱さが宿っている。フーコーの哲学とはそういうものだ。

V 監獄ふたたび

GIP記者会見(1972年1月17日)。左がサルトル、一人おいてフーコー

第12章　監獄の失敗は何の役に立っているのか

†「監獄の失敗」という不思議

規律権力、生権力、主権そして近代国家についてのフーコーの思索をたどる試みは、ここで終えることにする。これ以上の追求は難解になりすぎ、読者を迷宮に引きずりこむことにもなるだろう（もうなっているかも）。すでに『監獄の誕生』から相当離れたところまで来てしまった。別の言い方をすると、規律をめぐる問題に限定して考えるなら、ここまででフーコーの議論の大筋は押さえたということだ。

ただし一つだけ、『監獄の誕生』の中で位置づけの難しい章がある。規律の一般化や社会全体への浸透を描いたとされる『監獄の誕生』の中では、どうにも収まりが悪いと考えられてきた章だ。それは第四部第二章「違法行為と犯罪者集団 delinquance」で、ここでフーコーは「監獄の失敗」をテーマとして取り上げている。

単純に考えて、規律化が近代社会における人間管理の手法として浸透し、私たちが日常のさまざまな場面に規律の装置を見て取れるほど身近になっているなら、そしてフーコーが監獄を典型的な規律の場として挙げているなら、監獄での規律は一定の成功を収めたと考えるのが普通だ。それなのに期待を裏切るかのように、フーコーは『監獄の誕生』終盤に至って監獄の失敗は明白だという。それが規律化を通じた矯正と更正に成功したとはとても言えないというのだ。

たしかに、刑務所が本当に犯罪者を更正させているかという問いに、手放しでイエスと答えられる人は少ないはずだ。社会から遮断され、独特のヒエラルヒーの下での服従を身体で覚えさせられ、以前持っていた社会関係を失い、刑務所の中で人脈が作られ、犯罪知識を身につける。これが本当なら、刑務所は矯正に向いているようにはとても見えない。だとするとなぜ、監禁刑と刑務所制度は生き延びたのか。

監獄が受刑者の矯正と社会復帰に少しも役立っていないことは、その効果が徐々に知られるようになってはじめて気づかれたわけではない。実際には、監獄が主要な刑罰の場になるとすぐ、その無力さは批判の的となった。監獄の計画とその効果を疑問視する声とは、ほぼ同時に現れていたのである(フーコーは一八二〇年代には監獄が期待した効果を上げないことは既知だったとしている〔「監獄についての対談――本とその方法」『ミシェル・フーコー思考集成V』三五八頁〕)[19]。

にもかかわらずそれ以降の歴史を見ても、監獄が抜本的に改革されて別のものに代わることはなかった。かといって、矯正と社会復帰に関して、監獄が以前より効果を上げるようになったという確たる証拠が示されたわけでもない。受刑者の再犯率の高さは現在に至るまで、つねに刑罰制度の問題でありつづけている。それなのに監獄に代わる刑罰の提案や実施は限定的なものにとどまっている。つまり、監獄は刑罰としては、はじまりの時点から失敗を広く認識されながら、主要な刑罰の地位を長きにわたって保持しつづけてきたということだ。

†規律とは異質の新たな権力の出現?

これはなぜなのか。この問いに答えるためには、第四部第二章を注意深く読む必要がある。ここでフーコーは発想を転換するというか、問いの向きを逆にし、こう問いかける。

「監獄の失敗は何の役に立っているのか」と。そしてこの問いかけがどことなく陰謀論めいて聞こえるせいで、「監獄の失敗は別の次元での権力の戦略なのだ」という読み方をされてきた。

またしても読者は、この人何が言いたいんだろうと思っているかもしれない。説明しよう。『監獄の誕生』第四部第二章は、フーコーが後の一九七九年のコレージュ・ド・フランス講義で考察した「自由主義の安全装置」(変な訳語ですみません)の議論を先取りしているという読解が、どうもフーコー好きの間で流布しているらしいのだ。今の話はこのことに関係している。

簡単に言うと、フーコーは『監獄の誕生』以降、近代社会には「規律」型の権力とは異なる、もっと費用がかからずもっと効率的な権力、統治の型があると考え、それを探究した。この権力はもちろん、法的権力や君主の権力、フーコーの大ざっぱな括りをくり返すなら、主権や身体刑や啓蒙主義や社会契約論などに見られるタイプの権力とも別種のものである。そして、法と正統性に依拠することもなければ、規律のように強制的に規範を植えつけることも終始監視することもなく、むしろ人間の自由な活動力をうまく利用するタイプの権力があると考えはじめる。それが自由主義的な統治ということになるのだが、そこではー人ひとりを監視し規律化するのではなく、人々の自由な活動を妨げず、というよりそれを煽《あお》ることで、個別ではなく集団次元でリスクを管理（調整）する。

これ以上深入りするとまた変なことになるのでやめるが、「監獄の失敗」の話が一九七九年のテーマの先取りであるという理解は、失敗そのものを受け入れつつ犯罪者人口をコントロールするという点ではたしかに見当違いではない。だが『監獄の誕生』を改めて読んでみると、当時フーコーは「監獄の失敗」をそれまで書いてきたことの延長上に位置づけているつもりで、新しいタイプの権力を規律と区別して論じているとの意識はなかったことが分かる。

ここはかなり微妙なところなので慎重に話を進めよう。その前に、なぜ微妙な違いにこだわるのかを言っておかなければならない。もちろん、『監獄の誕生』を書いた時点でのフーコーの意図を勝手に先読みしてはならないという理由もある。しかしもっと大きな理由は、「監獄の失敗」の議論が規律の話に収まるのか規律とは異質の新たな権力の出現を描いているのかは、それほど重要ではないということだ。『監獄の誕生』を読む上では、これはまあどっちでもいい話なのだ。

むしろ興味深いのは、監獄の失敗の議論を通じてフーコーが権力をとらえる際の手際と意地悪さと鋭さ、彼の思考がどのような意味で「根源的（ラディカル）」なのかがクリアになることだ。つまりこの議論は、いかにもフーコーらしい権力の見方を読者に伝えてくれる。

†フーリエ主義

そこで話を『監獄の誕生』を深く鋭くおもしろく読むというテーマに戻そう。フーコーはなぜ監獄の失敗が黙認されたかを考察する際、次のような前提から出発する。それは、「刑罰は社会によって異なり、そのあり方を決するのは政治だ」という前提である。言いかえれば、「刑罰を特定の方向に導くこと自体、政治闘争の一つである」という、社会的な権力関係を刑罰と結びつける理解である（ここにフーコーの政治観が表現されてもいる。政治は綱引き、駆け引き、闘争なのだが、むき出しの暴力ではない。相手の振舞いを予測してそれをある方向に誘導しようとする。その意味で一定の自由度が前提で、相互行為の中にのみ現れる）。

そして『監獄の誕生』の記述によるなら、当時こうした刑罰の政治性を極端なほど先鋭的に理解し、それを政治理論にまで結晶化させたのが、フーリエ主義者たちだった。フーリエ主義もなじみがないと思うので少し説明する。一九世紀フランスで、上っ面の労働者支援や生活改善にとどまらず、本当の「新世界」建設を大まじめに目指した人たちがいた。そしてこうした人たちにとって力強い思想的支柱となったのが、シャルル・フーリエ（一七七二―一八三七）だった。

代表作とされる『四運動の理論』（一八〇八）も、死後に残された草稿を集めて一九六七年に出版された『愛の新世界』も、いずれも「奇矯」という言葉がぴったりのフーリエのどこに、それほどの魅力があるのだろう。彼の世界観や造語には、当時の人たちも戸惑ったらしい。そのため、一部の熱烈な支持者を除いて著作が広く読まれたわけではなかった。その後マルクスからも「空想」社会主義者の代表として嘲笑されたが、フーリエの思想には奇想天外であるがゆえの恐ろしい起爆力と熱狂的なファンを獲得する魔力があるらしい。

私はまだまだ修業が足りないせいか、フーリエの文章をどう読んだらいいのか分からない。だが意外なことに、この本を書くために『監獄の誕生』を読み直して、なぜフーリエが長い間社会改革を志向する人々に支持され、影響を与えつづけてきたのかを理解する手がかりを見つけた。フーコーは一九世紀のフーリエ主義者たちを、当時の監獄および刑罰制度に関する事柄の「政治性」について、最も鋭く認識した人々としてとらえているのだ。

　私なりの理解に基づいてそれを説明すると次のようになる。フーリエは男性、女性、子どもの順に厳然と存在した当時の社会的序列をひっくり返し、子どもを頂点に、女性を中間に、そして男性を最下位に置いた。さらにたとえば、社会のダイナミックな原動力として情念の役割を重視し、労働の意味を苦役から遊戯へと転換するといったしかたで、「ブルジョア的」な尺度で作られた価値基準をことごとくひっくり返した。

　つまりフーリエとフーリエ主義者たちは、既存の価値観が政治的に作られたものにすぎず、それは誰かを利するために別の誰かを貶めていることを見抜いていたのだ。そしてそこに見られる「普遍の僭称《せんしょう》」（本当は特殊で偶然的なものを一般的で必然的なものであると主張し、それを通用させるために政治（権力）を用いること）を反転させることで、既存の価値観が政治的な構築物であること、権力作用の結果であることを示した。彼らは犯罪と刑罰をめぐる当時の言説の中にも政治と権力の作用を見出し、何が犯罪で誰が犯罪者かを決めるのは政治的必要であって客観的真理ではないという前提で、そうした言説に挑戦したのだ。

†放浪者ベアスはフーリエ主義者か

フーコーが引用した定期刊行物（journal）『ラ・ファランジュ *La Phalange*』は、フーリエの最晩年にあたる一八三六年に創刊され、死後も支持者たちによって引き継がれた（一八四八年革命後の一八四九年まで発行）。まさにこの『ラ・ファランジュ』の記事中に、フーコーは『監獄の誕生』で国王暗殺未遂犯ダミアンと並び立つもう一人の人物、ベアスをめぐる裁判所でのやりとりを見つけたのだった。

ベアスはさまざまな職業を転々としながら放浪生活を送る若者だ。どの場所にもどの集団にも属さず、家族もなく、それを裁判官に対して「自由」と称してはばかるところがない。その放浪歴と不敵な態度のため彼は二年間の懲治監獄送りになるのだが、この事件、そしてベアスの裁判長とのやりとりが、監獄をめぐる当時の政治的賭金が何であったかを象徴的に示している。フーリエ主義者たちはそのことを明確につかんでいた。フーリエの理想社会とは、ブルジョアジーに主導された社会規範に反発し、既存の秩序と規律化と近代文明と従順さと禁欲とを反転するものだったからだ。

逆に言うと、支配層が導入する秩序と刑罰体系に従わない者は、潜在的にはフーリエの理想と共鳴する素地を持っていることになる。ベアスのような若者、反規律を公言する者、あるいは規律化された身体を作り生活を律して社会秩序に順応することを自由の反対物と考えるような人間は、ファランステール（フーリエが考案した居住共同体）の住人となり、愛の新世界で自らの主人となりうるのだ。

こうして、『監獄の誕生』第四部第二章末尾に出てくるベアスについてのエピソード、そしてフーリエ主義者への言及から、つまりはこの章を後ろから出発して前に戻ってゆくことで、ここでフーコーが言いたかったことが明瞭になる。監獄の失敗は何の役に立ったのか。それはブルジョアジーにとっての不都合を回避するのに役立ったのだ。

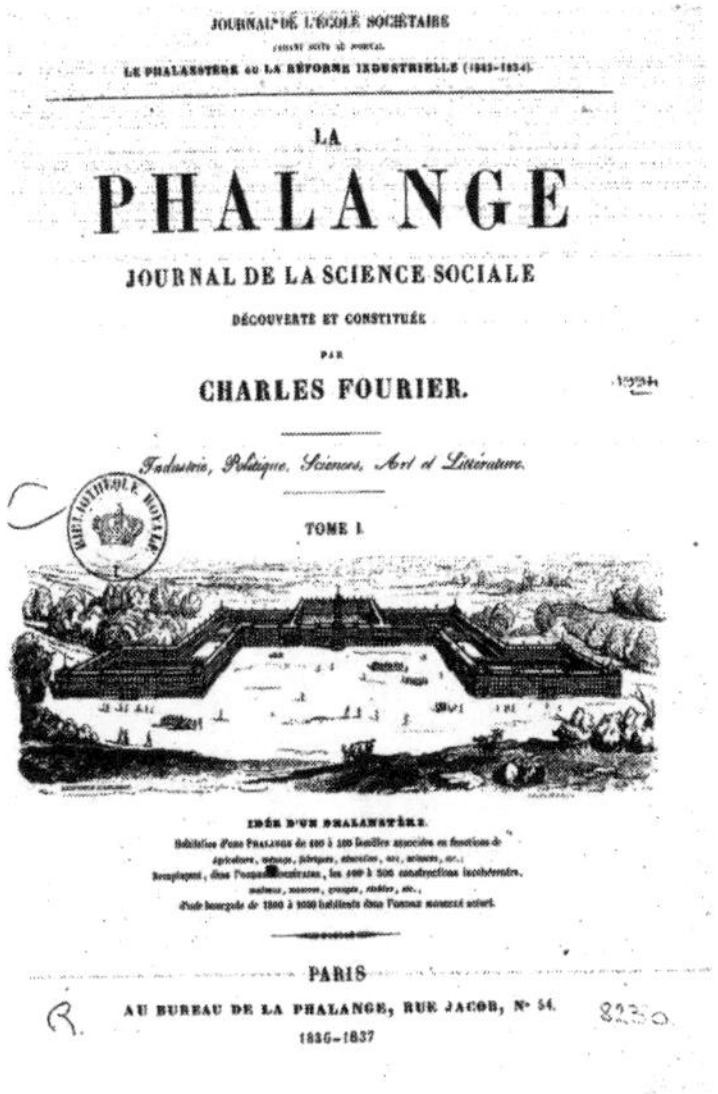

ファランステールの図（『ラ・ファランジュ』第1巻〔1836-37年〕表紙）

†犯罪者集団 delinquance について

では、犯罪と刑罰をめぐるブルジョアジーの不都合とは何だったのか。先ほど述べたように、監獄の失敗、それが規律化による矯正教育に少しも役に立たないこと、むしろ犯罪の温床となっていることは、監獄が主な刑罰になるとすぐに明らかになった。だが支配層にとって重要だったのは、犯罪の多寡や再犯率の高さよりも、犯罪および犯罪者の種類の方だった。

ここで登場するのが、delinquance という概念である。これは『監獄の誕生』日本語訳では「非行性」と訳されている。ただ、日本語の「非行」は少年少女を指すことが多いのに対し、delinquance はもっと広い対象を指している。フーコーはなんというか、「一般人と区別された犯罪者集団、彼ら特有の犯罪」といった意味で使っている。これはたとえば、同じ空き巣でもたまたま窓が開いているのが目に入ってやったのと、プロの集団がマンションを片っ端から物色したのでは違うといったことから理解するとよいかもしれない。

だが、素人とプロの区別ともちょっと違っている。必ずしも集団に属さないが定職につかず軽犯罪で刑務所を出たり入ったりしているような人間は「delinquant（犯罪者）」とみなされる。区別は一人か集団か、偶然か職業的犯罪者かといった外面的なところで引かれるのではない。むしろもっと別のところ、犯罪者になるべくしてなったのか、そのループから抜けられない人間とみなされるかどうかで引かれてきたようだ。

もちろん「犯罪者」のはっきりした定義があるわけではない。一般人が漠然と「自分たちとは違う人種」と思っていてくれる方が都合がよいので、ここは曖昧なまま残されているのだろう。厳密に考えれば、どんな悪行で何回ぐらいつかまれば「犯罪者」になるという指標はない。また、つかまってはじめて犯罪者になるわけでもない。裏社会の人間や風俗産業の関係者、また情報屋などは、前科がなくても犯罪者集団の一部をなすか、それにかぎりなく近い。犯罪者集団は明確な定義を与えられず、同心円状に広がるぼんやりとした集団だが、一般の人とは全く違うというイメージだけが強固に作られつづけているということになるだろうか。[20]

犯罪者集団という考え方が現れた背景としてフーコーが強調するのは、近代社会において重要なのは、何が犯罪で何がそうでないかの厳密で一般的な区別（その一例が罪刑法定主義）ではないという点だ。重視されたのはむしろ、誰を犯罪者集団とみなすのか、彼らに許される犯罪行為をどのように種別化するのか、そしてそうした集団および犯罪行為をいかに利用し飼いならすかなのである。

†犯罪者は何の役に立つのか

ずいぶん前のところ（第5章「啓蒙主義者は旧体制の何を批判したのか」）で、一八世紀における犯罪の質の変化と身体刑批判とが関係していることを指摘した。一九世紀前半、監獄の失敗が取り沙汰されたころにも同じ事態が生じたとフーコーは見ている。

フランスでは革命を経て、財産をねらう犯罪の取締りは相変わらず必要だったが、新しい脅威として貧民や労働者の政治化が引き起こす秩序の動揺が問題となっていた。他のヨーロッパ諸国でも、産業化によって膨張した都市は暴動の危険を抱え、工場で必要なため従順さを維持せねばならない労働者、そして貧民は、きわめて危険で悩ましい存在だった。規律化がうまくいかなければ暴動につながりかねず、この点はつねに警戒されていた。

だが、規律の装置が導入され監視と密告のシステムが広がっても、なかには従順にならない者もいる。公然と雇主に刃向かうような労働者が他の者に悪影響を与えれば、集団で暴徒化しかねない。最も有効なのは危険分子を切り離すことだ。一九世紀以降労働者が決起するたびに用いられた手段は、彼らの中に雇主の犬を送り込み、仲たがいと分裂を引き起こし、裏切り者を作り、情報をもとに首謀者を逮捕し、運動の勢いを殺ぐことだった。そのために、スパイとして使える犬をリクルートし手なずける機会が必要だった。

また、労働忌避、機械の打ちこわし、商店の襲撃などの行為が、犯罪ではなく政治的行為とみなされ、容認されることも危険だった。暴力や法律違反が政治的抵抗と理解され処罰感情を持たれなくなれば、治安と秩序はあっけなく崩壊する。したがって、犯罪行為と政治的行為、あるいは犯罪者とそうでない人々を区別し、両者が結託することを絶対に避けねばならない。労働規範に従わず所有権を侵害する者は、英雄ではなく犯罪者だ。そして、どんな理由があっても暴力は犯罪で、武装が許されているのは軍隊と警察だけなのだ。

こうして、労働者を分裂させ、運動の情報を仕入れるためのスパイを確保し、政治的な反抗を暴力犯罪として扱うために、監獄はきわめて都合のいい道具となった。たしかに監獄は犯罪者を醸成するかもしれない。だがそれはそれで利用価値があるのだ。犯罪行為と政治的行為が結びついて秩序転覆を図る危険を最小限に抑え、犯罪者集団を一般人から区別する。そして許容される犯罪の種類や限度を設ける。犯罪が既存の秩序を脅かすどころか、秩序に組み込まれ、ブルジョアジーに役立つ形で存続するなら、ないよりあった方がむしろ好都合なのだ。

犯罪者は役に立つ。ただし政治化しないかぎりで。権力の布置を安定させるかぎりで。彼らは傭兵《ようへい》のごとく支配層を裏で支え、許された犯罪行為と許容された役割を果たすことで生き延びる。こうして暴力と犯罪は政治化と切り離され、無害にされて社会的に一定の役割を果たすようになる。

†規律への反抗を無力化する装置

このことを規律との関係でとらえるとどうなるだろう。犯罪者は、ある意味では規律化されざる集団である。彼らは学校で、工場で、規律に服する勤勉な生徒や労働者であることに失敗した。そのことによって彼らは「監獄送り」にされ、そこで模範囚となって看守にしっぽを振らなければ、塀の中と外とを一生涯往復するようなことにもなりかねない。無事出られたとしても社会の片隅で、ときには治安当局の犬となって日銭を稼ぐことになるかもしれない。はたしてこういう人たちを「規律化されざる人間」と呼ぶべきだろうか。

恐れられたのは、誰を犯罪者として定め、どのような刑に服させるのかの決定が、はじめから終わりまで政治的な意図でなされていることが白日の下に晒《さら》されることだった。さらには、政治的なのだからその政治をひっくり返してしまえば、犯罪と刑罰の根拠そのものも崩壊するという認識が広がり、それが実際の政治運動へとつながってしまうことだった。

犯罪者を犯罪者集団として囲い込むこと。彼らを裏社会に閉じ込め、犯罪者は違う人種だというイメージを流布させ、一般人と切り離すこと。許される犯罪と許されざる犯罪を区別し、罪と罰の体制を通じて犯罪者にその区別を叩き込むこと。要するに、犯罪者のエネルギーをできるかぎり矮小化しながら利用すること。これが「監獄の失敗」が容認され、放置された理由である。

フーコーは次のように語っている。

「犯罪のない社会。一八世紀末はこれを夢想していました。でもすぐに変わった。犯罪者集団があんまり役に立ったので、彼らなしの社会なんて考えるのもばかげた、危険なものになってしまったんです。だって犯罪者がいなきゃ警察はいらないでしょ。犯罪の危険がなければ、警察にあれこれされるのを誰が許します? これこそ天の恵みと言ってもいい。警察なんて最近できたうっとうしい制度、犯罪者集団がいなきゃ誰も認めませんよ。制服を着て武装して(一般人には武装権がないのに)、身分証を見せろと言ったり家の前をうろついたり、犯罪がなければ許されるはずないでしょ。あとは、いかに危険な犯罪者がたくさんいるかを毎日あきもせず書きたてる新聞記事がなければね」(「監獄についての対談」三六五―三六六頁)。

つまり、少なくとも『監獄の誕生』執筆時のフーコーにとって、監獄とはその失敗を通じて規律化の限界が見通され、新たなタイプの統治が構築された場所ではない。むしろ規律化されざる人間を反規律へと向かわせないための装置、規律への反抗を非政治化し無力化するための場所として位置づけられているのだ。

†何が犯罪かを決めるのは政治である

このように、「監獄の失敗」をめぐるフーコーの考察を通じて、彼が権力と政治をどのような視点から眺めていたかを知ることができる。何が犯罪で誰が犯罪者かを決めるのは一種の政治闘争なのだ。その見方は一方で、「ブルジョアジーの陰謀」の匂いへと接近し、権力の狡猾さを暴露している。だが他方で、権力が上から下へと降ってくるものでもなければ、はじめから目的と手段を熟知した支配集団によって計画通りに行使されるものでもないことを示している。つまり、政治闘争の中で行使される権力は、巧みな戦略や戦術を通じて人の振舞いを誘導しようとするのだ。そこには脅しもあれば餌もあり、相手の出方を見て戦略はつねに立て直され、ある種の失敗も別のやり方で活用される。

そのなかで、何が犯罪でどんな刑罰が科されるかも政治的に線引きされている。なぜ巨額の脱税行為が見逃され、こそ泥が何度も刑務所行きになるのか。なぜアメリカで、何度乱射事件が起きても悪いのは銃社会ではないというところに話が落ち着くのか。なぜ犯罪は減っているのに治安が悪化しているという感覚が広がっているのか。そこには「何が犯罪かを決めるのは社会だ」という、デュルケム以来社会学が語ってきたある真実が潜んでいる。だがそうした真実は、「犯罪者集団」のイメージを作り、刑務所を囲んで彼らの流通ルートを作り、「犯罪者人格」や「犯罪性」を語りつづける奇妙な言説に支えられることで、巧妙に隠されたままである。

『監獄の誕生』以降のフーコーは、こうした政治と権力についての見方を二つの方向へと展開した。一つは血と暴力と剣と歴史と戦争についての言説という、一九七六年の講義で検討された方向。そしてもう一つが、日常生活の細部にまで目配りする権力の出現という、一九七八年から七九年に検討された方向である。後者は近代の「統治性」に関する研究として、背後に控える巨大な問題である「近代国家をどうとらえるか」という問いを従えて追求された。「監獄の失敗」についてのフーコーの見解からは、このいずれにも展開しうる権力観を読み取ることができる。

不快に思うべきことを、不快に思いつづける力

こんな感じでまとめてみたが、最後に一つ本音を言いたい。「監獄の失敗」に関するフーコーの見方が放つ魅力は、なんだかんだいってそれを支える彼の態度、世の中の見方にある。たとえば、道で警察に職質されたら不快だ。夜中に自転車でコンビニに行くのは人の勝手だろう。レンタルビデオ屋で自分が借りている映画のリストが警察に知られたらいやだ。ホラーもスプラッターも切株も、別に観たっていいだろう。不審者対策と称して腕章をつけた親が通学路を見回るのはうんざりだ。自分たちは善良な市民で敵は外にいると言わんばかりの態度に腹が立つ。防犯カメラ作動中のシールを玄関に貼るのはやめてほしい。安全は商品ではないし、安心は関係の遮断ではなくつながりの先にしか得られないはずだ。

私は毎日のように、こうしたことを不快に思い、不満に感じ、なんか世の中おかしいんじゃないの、どうかしてるよと独り言を言う。そして何よりも、そういうことを少しもおかしいと思わない人たちが日々作られ、そういう心性を強める仕掛けが施されてゆくのを

不快に思っている。

そんなとき、『監獄の誕生』をはじめとしてフーコーが書いたものを読むと涙が出そうになる。権力は狡猾だ。それなのに核を持たず、陰謀の中心に一人の人物や最有力集団がいるわけではない。権力は人の相互行為を通じて、戦略的に作用する。そして日々新たに犯罪者とそうでない人の境界線を引きなおし、被害者意識を醸成し、安全への際限ない欲望を煽る。家族のため、わが子のために安全で安心な街が必要だ。犯罪者集団を刑務所に送り、「頭のおかしいやつら」を病院に入れることは大切だ。彼らは私たちとは違う「危険人物」なのだから。

現在では、こうした安全で安心な街、衛生的で無菌の生活を希求することが世も末というほど当たり前になっている。だがその現在というのが、遠い昔に犯罪から政治色を取り除き、暴力が政治とアナキズムに結びつかないようにするためのブルジョアジーと支配層のなりふりかまわぬ努力と、どこかで結びついていると思うと、もう一度そのことに腹を立てる元気も出てくるというものだ。それが政治的な戦略を通じて固定化された道徳、ルールだとするなら、別に正義でも何でもないのだから。

それどころか、犯罪と刑罰の歴史、道徳の歴史とは不正と欺瞞《ぎまん》の歴史なのだ。この意味で、フーコーは『監獄の誕生』で彼にとっての「道徳の系譜学」を示してみせた。そのなかに読者は、自分が警察や安全安心パトロールに腹を立てる理由を発見することだってできるのだ。そしてもっとたくさんの人が、『監獄の誕生』やフーコーの意地悪で秩序転覆的な権力観に触れて、警察の仕事とは市民を監視することだという事実に気づき、また不快に思うべきことを不快に思いつづける力と元気をフーコーから引き出してほしいと願っている。

第13章　冷血でも熱血でもなく——監獄情報グループ

†『監獄の誕生』を書かせたもの

一九七一年二月八日、監獄情報グループ（Le Groupe d'information sur les prisons : GIP）の設立が宣言された。この集団は、刑務所でどんなひどいことが起こっているのか、受刑者や彼らの家族がどんな問題を抱え、何を考え、どんな生活を送っているかを広く外部に伝えることを目的としていた。フーコーが中心的な役割を担ったこの運動は、もちろん突如としてはじまったわけではない。その時代背景と文脈について、かつてはずいぶん語られたが、七〇年代はじめまでの学生運動が歴史の一コマとなりつつある現在では、知らない人も多いだろう。

そこでこの章では、『監獄の誕生』が書かれた時代状況、この本がなぜこんなにも躍動感溢れる文体と勢いを持っているのかの理由、いわば書かれざる執筆の原動力を探ってみたい。フーコーはきわめて差し迫った時代の空気の中で執筆のテーマを選んだ。というより時代の方がフーコーを選んで、また当時監獄をはじめとする闘争の渦中にあった多くの人々がフーコーに思いを託して、この本を書かせたと言ってもよい。

†「伝記」はときにどうでもいい

はじめに、フーコーに関する「伝記的事実」の一部をなすこうした事柄を取り上げる意図を説明したい。フーコーについては多くの伝記が書かれてきた。彼が駆け抜けた生があまりにかっこよく伝記向きだったせいもあるだろう。だがそれだけでなく、フランスにおいては、「知識人」は日本では考えられないような有名人だからでもある。サルトルを思い浮かべれば分かるように(ただしある世代より上だけ)、その言動が与える社会的影響力も政治的パフォーマンスが持つ力も、フランス知識人の象徴的な役割の大きさを考慮しないとなかなか理解できない。

こうした背景もあり、フーコーの性的嗜好のスキャンダラスな面について憶測を交えて語るような伝記的記述もある。なかでもとくにひどいジェイムス・ミラー『ミシェル・フーコー――情熱と受苦』（田村俶他訳、筑摩書房、一九九八年）については、浅田彰が激烈に批判している（「「呪われた天才」の物語からフーコーを救出する」『波』新潮社、一九九九年四月号）。浅田のこの文章は、まさにフーコーへの温かく熱い思いに満ちた名文だ。

もっとも、フーコーが死去した当時の日本では、彼の生と死をめぐる真偽の定かでない証言の類はそれほど知られることもなかった。だが、こうした例の代表とも言える、エルヴェ・ギベール『ぼくの命を救ってくれなかった友へ』（集英社文庫、一九九八年）が日本語訳され、さらに二〇世紀後半の重要な思想家を取り上げた「現代思想の冒険者たち」シリーズ『フーコー』の中で、桜井哲夫が序章でギベールの記述を用いて「ドラマチックな」フーコーの生涯を描写した例もある。ギベールの小説は虚構と現実が混濁しているため桜井の引証自体かなり不用意だが、「現代思想の冒険者たち」シリーズがソフトカバー化される際にこの本は「セレクト」されたらしく、今も書店で売られている。

こうした文章に触れた読者が、フーコーについて知った気になったとしたらとても残念だ。だから「フーコーの思想をできるだけその生涯のなかに関連づけて」（桜井哲夫『フーコー――知と権力』講談社、一九九六年、二九頁）とらえるということが、彼の性的嗜好や幼少時の記憶、父との確執やエコール・ノルマル時代の精神不安定に言及し、それをもっともらしく思想と関連づけることとは全く違うのだという思いを込めて、この章でGIPについて書いておきたい。

もちろん思想家の生涯について、その「私的な」エピソードを知りたいという欲求はファンであれば抑えがたいものだ。それが退屈であっても劇的であっても、どちらの場合もその人物への興味がさらにかきたてられ、愛着を持つきっかけになることもたしかだ。かといって、思想と生涯を直接結びつけるのもばかげている。たとえば、ニーチェが三次元ではあまり女にもてなかったことは彼の思想形成に影響しているかもしれないが、そこからニーチェ思想を理解できるとは誰も思わないだろう。

フーコーに関しては、こうした一般的な意味での思想と生涯との相互独立性ということに話はとどまらない。以下でGIPの活動と『監獄の誕生』との関係を見てゆけば分かるはずだが、ミラーや桜井のように思想を生涯へと落とし込む方法によっては、フーコーの研究対象の選択と密接に関連している活動（必ずしも政治的活動には限定されない）と、著述のスタンスに関わる戦略的な立場との、内的つながりを理解する手立てが失われてしまうのだ。というのも、こうした活動が伝記的事実の一部、一つの「エピソード」として処理されることで、当時の政治社会状況を「現在」としてとらえようともがく中で練り上げられた彼の思考の強靭さとアクチュアリティが、全面的に見失われるからだ。

したがって、以下ではたとえばフーコーのトラウマ経験や性的嗜好が異常者やマイノリティへの興味につながったといった類の、どうでもいい憶測に関わりあうつもりはない。そうではなく、彼に『監獄の誕生』を書かせた時代、人々の活動、その渦中にあってフーコーが運動の中でとろうとしたスタンス、そしてそれらと彼の著述の方法との、ある種必然的な関係こそが重要なのだ。

†一九六八年のフーコー

事の発端は、一九六八年以降の学生、労働者、市民を巻き込んだ政治運動にある。「六八年五月」あるいは「五月革命」と呼ばれるこれらの運動が引き起こした騒乱、アナキスティックな事態を収拾するため、フランス政府および治安当局は非常に抑圧的な政策へと急速に舵《かじ》を切った。この年は日本でも全共闘運動に火がついたように、ヨーロッパ、南北アメリカをはじめ世界中のさまざまな場所で、学生による異議申し立てに端を発する社会運動が時を同じくして起こった。日本における政府の対応は日米安保の延長と経済的繁栄の約束で、ここには学生たちの要求に直接応えるような政策転換や制度変革は一切行なわないという強い姿勢を読み取ることができる。

フランスでの政府の対応については、監獄情報グループの活動をまとめた資料集、『監獄情報グループ――ある闘争の記録一九七〇―一九七二』（二〇〇三）から引用しておこう。

「〔六八年以降の〕異議申し立て運動には、一九六八年五月三一日から一九七四年三月一日まで内務大臣職にあったレーモン・マルスランという人物が、手ごわい敵として立ちはだかった。共和国とその諸制度を防衛する名目で、マルスランは矢継ぎ早に秩序政策を打ち出した。彼はあくまで法の枠内で事態収拾に当たることを目論み、既存の法制度で対処できない事態に直面すると新法や特別裁判所（国家安全保障裁判所）を使って応戦した。たとえば法務大臣ルネ・プレヴァンによるいわゆる「反破壊行為」法では、これまで対象とされていなかった行為、個人、集団を規制するため、刑法三四一条を改正した」。

この改正は明らかに左翼運動に照準を合わせたもので、「ゲリラ的」とされた暴力行為や公共建造物の占拠が有罪となり、また煽動罪などが政治運動に適用されるようになった。これによって器物損壊などの現行犯で多くの逮捕者を出し、七〇年代はじめの刑務所は学生や若い労働者で溢れかえるに至った（一九七一年の時点で二万九五四九人の拘留者。そのうち四〇パーセントが予防的拘禁）。

一方フーコーは、六八年から七〇年代はじめにどこで何をしていたのだろうか。まず、

「シャルルⅢ世刑務所（ナンシー）1972年１月15日（はずした煙突にひっかけた紐を使って、受刑者たちが瓦を屋根からはずしているところ。ナンシー市街のアレクサンドルⅠ世広場に向かって、道ゆく人々に「腹が減った、喉も渇いた」「正義を！」と訴えている）」（『監獄情報グループ――ある闘争の記録1970-1972』表紙）

六八年五月の学生による暴動が起こったとき、彼はチュニジアのチュニスにいた。チュニジアでの政治運動のあり方はフランスよりある意味ずっと複雑だった。イスラエルとアラブとの抗争によって、チュニスでの暴動や政治活動は反ユダヤ主義や人種主義の色彩が濃く、極左グループもこうした傾向の影響を受けていた。フーコーはこうした状況の下で、運動が人種主義的傾向を持つことを批判しながらも、学生たちの反体制運動を支援しつづけた。

この時期まで、彼がスウェーデン、ポーランド、ドイツ、チュニジアといった国々で過ごし、少し離れたところからフランスを眺めたこと、とりわけ六八年秋までをチュニジアで過ごしたことは、その後の彼の政治的スタンスに大きな影響を与えたはずだ。フランスをヨーロッパの他の場所から、とくに植民地であった場所から眺めること。これが彼のその後の運動スタイル、理念を掲げ前衛としてふるまうのではなく、現実的に具体的にしかも根気強く、当事者となっている人々を支援するというスタイルにつながったと思われる。六八年末に彼はチュニジアを去り、パリ郊外のヴァンセンヌ実験校の設立に加わる。この場所は五月革命の成果ともガス抜きとも言われたが、「極左の牙城」とされたヴァンセンヌで哲学科長となったフーコーは、フランス学生運動の最も激しい渦中へと投げ込まれる。そうした中で、必ずしも大学関係者には限られない人々とのつながりも生まれた。毛沢東主義者（マオイスト）などの極左活動家だけでなく、それぞれの職業上の立場から当時起こっているおかしなことにおかしいと言うべきだと考える人々、弁護士、臨床医、ジャーナリスト、編集者との結びつきが生まれた。そしてこのつながりが、その後ＧＩＰの活動を広げてゆく一助となる。

†特定領域の知識人

ＧＩＰ結成の時代背景に戻ろう。六八年五月以降の事態収拾のため、フランス政府は毛沢東主義の極左集団である「プロレタリア左派」を非合法化した。地下に潜る他なくなった運動家たちはさまざまな罪状で次々と投獄される。この人たちが刑務所で、当時フランスにはなかった政治犯の地位を求めてハンストを決行した。二度にわたるハンストで、はじめは鈍かった壁の外からの反応を得るようになり、彼らの主張を支持する刑務所外のハンストを喚起した。ここから一九七一年二月にはＧＩＰ結成に至る。このグループにフーコーは結成準備から参加し、組織のあり方や運営、声明文などには彼の方針が大きく反映している。

はじめ「プロレタリア左派」はフーコーの知名度を存分に利用するため、刑務所問題に彼を担ぎ出すなら、たとえば「市民」として刑務所の前に立たせ、マスコミの前で警察に取り囲まれたり棍棒《こんぼう》で殴られたりするシーンを写真に収めるといったセンスのない方法を考えていたようだ。

ところがフーコーは、こうした旧態依然たる偽善的な見世物を嫌い、自分が関わる場合の条件を出した。それはチュニス、またとりわけヴァンセンヌでの厳しく騒々しい政治的な経験をもとに熟慮された運動への関わり方だった。このスタイルはフーコー自身による「特定領域の知識人」という言葉とともに流行し、日本でも一時期かなり知られていたが、今は昔となってしまっているので説明しておこう。

運動への関与のこうしたスタイルは、フーコーが「調査委員会」委員長への就任という当初の提案を拒んで、「監獄情報グループ」の設立にこだわった理由と関係している。「調査委員会」の名称は、一九七〇年一二月にフランス北部のランスで炭鉱夫一六人が死亡した爆発事故に端を発する「人民裁判」で、サルトルが関わった運動体の名称である。当局による「プロレタリア左派」の逮捕、裁判に抗議するために対抗的に行なわれた「人民裁判」において、サルトルは代理人役を務め、鉱山技師たちの見解をまとめて証言した。

しかしフーコーは、ここでとられた手法は不十分であると考えていた。というのも、人民裁判、調査（尋問）委員会 commission d'enquête、代理人（訴追人）procureur といった司法用語に依拠することで、既存の司法装置に内在する権力を全く問題にできなくなるからだ。フーコーが気にしているのは、たとえば裁判所での机や椅子の配置、裁判官・検事・被告・弁護人などが着席する場所、発言の順序、形式的なしきたりなどによって、そこで語られうること、考えうることが決定され、型にはめられるという事実だ。

特定領域の知識人は、たとえば一弁護士として、弁護人が裁判の中で現に割り振られている役割、そこにはめられている枠や型、被告との関係での決まりごとなど、さまざまな事柄を疑問に付す。また、フーコーがその勇気を称えた、トゥール刑務所の暴動後に刑務所内の看守による暴行や虐待の日常性について証言した精神科医のように、ある場所に居合わせた専門家として、自分が見たこと、聞いたこと、そこで起こっていることを広く知らせようとする（「トゥールの発言」『ミシェル・フーコー思考集成Ⅳ』参照）。

こうした人々は、大衆や労働者、また囚人を鼓舞して暴動を起こさせ、運動を主導するのではない。あるいは国家権力との間で、裁判官のように調停人を務めるのでもない。彼らは自分たちが関わっている特定の領域について、その立場ゆえに他の人が知らないさまざまなことを日常の中で見たり、聞いたり、感じ取ったりしている。そして、そこで起きていることに疑問を抱き、そこで自分がルーティンワークをこなしつづけるだけでは事態は変化しないと思ったなら、その人たちは発言し、行動すべきなのだ。

こうしてフーコーは、GIPに多種多様な職業の人たちを集めようとした。一方に極左活動家、他方に有名な文学者や芸術家やジャーナリストというメンバーだけでは十分ではない。むしろ刑務所行政や司法、政治に関わる多くの職種の人々、とりわけそれぞれの領域における「専門家」の参加が重要になる。

†当事者の声を届けるということ

もう一つフーコーがこだわったのは、刑務所の受刑者、元受刑者、その家族など、当事者たちの声を引き出すことだった。そのためGIPではアンケート用紙を作成し、刑務所の前で面会を待つ家族に、そして刑務所内では非合法手段を使ってまで用紙を配布し、回収した。それを通じて、彼らが何に一番困っているのか、どんな不満を持っているのか、さらにはいったい刑務所で何が起こっているのかを、可能なかぎり明るみに出そうとした。

ここで明らかになったことには、刑務所の中で日常化していた暴行の類だけではなく、陰険な手段で日々強化される権力関係、そのための物理的な道具や隠語の数々、刑務所を出た後まともな職に就けなくなる理由、家族が晒される誹謗《ひぼう》中傷とつきまとう貧困など、さまざまな事柄が含まれていた。

フーコーはこれらの事実をまとめたり代弁したりするのを嫌い、受刑者自身の証言や書かれた言葉をそのまま公表するよう努力した。GIPはそのためにたくさんの文書を発行し、他にもフーコー自らが序文を付すことで彼らの言葉が活字になり人の目に触れる機会をなるべく多く作ろうとした。こうしたGIPの活動から、彼がどのような運動にどんなやり方で関わることを望み、そのスタイルを築いていったかを知ることができる。

フーコーがどうしてもこだわったのは、自分が運動の代表者であるかのごとくふるまい、叡智《えいち》に満ちた言葉で語る「人権派の」知識人と一線を画すことだった。つまり彼は、単純で表面的な熱血によっては、事態は何も変わらないことを知っていた。そして、地味だが現実にもっと有効に働きかけられる回路を見出そうとした。

彼は自分や他の知識人が語ることよりも当事者に語る場を与えることを重視し、そのためさまざまな人々を巻き込み、当事者の声を届けようとした。当事者の代わりにしゃべってやる必要などないのだ。なぜなら彼らには言いたいことがあり、こうあってほしいというたくさんの願いがある。そしてそれを語る言葉も十分すぎるほど持っている。欠けているのはただ、それを聞いてくれる人たちだけなのだ。

つまりフーコーにとって、当事者の声を届けるとは、彼らの「自助」の手伝いをすることだった。そこでの知識人の役割は、自助グループが軌道に乗るまで手助けする、あるいは必要なときに相談に乗る専門家に近い。そのため自助がうまく回れば、日常的には知識人は必要ないのだ。

†現在と関わる過去の歴史

こうしたフーコーのスタンスと、GIPの活動と並行して準備されていた『監獄の誕生』の執筆をあえて遅らせたこと(21)とは、深く関係している。彼は自分が単なる研究対象として刑務所暴動に関心を抱いていると思われることを危惧した。それを利用して本を書いたといった受け取られ方は、フーコーがとろうとした運動との関係からすると耐え難いことだった。もちろん『監獄の誕生』が出版されたときにも、彼のすべての著作につきまとった誹謗中傷は起こった。だがそれは『言葉と物』の場合よりずっと控えめだったし(あの本はそもそも売れすぎた)、GIPとの関係を否定的に詮索《せんさく》するようなものではなかった。

このことはもちろん、フーコー自身の執筆の延期という決断によるところもある。だが長期的に見ればもっと根本的なところ、つまり著作が投げかける問題やメッセージと、現実に起こっている事件や運動との関係によるところが大きい。

フーコーの著書はどれも古い時代から説き起こし、独特の迂回路を経て現在へとつながっている。かといって現実との関係が薄いかというとむしろ逆で、なぜこんな昔のことを書いているのに強烈に「今」が浮かび上がるのか不思議なほどだ。それが彼の人気の秘密なのだろう。

そして『監獄の誕生』は、彼の著書の中でおそらく最も深く同時期の政治実践と結びついて生まれたにもかかわらず、けっして現実の政治経験の簒奪《さんだつ》としては読まれなかった。それは、当時刑務所の内外で起こっていたこと、そこで人々が何に対して怒りを覚え、何に反抗していたか、つまりはその「戦いの系譜」を歴史の中にたどってゆく、力強い援護の本として読まれたのだった。

だから『監獄の誕生』は、たとえばトルーマン・カポーティの『冷血』とは違うのだ。ドキュメンタリー小説というジャンルを作った画期的な作品でありながら、『冷血』は取材対象の人生を商品にしたという思いから作家自身を逃れられなくし、破滅と死の一因となった。ここでのカポーティの思い、独特の後ろめたさは、世界各地の戦場で無残な爆撃後の地域に土足で踏み込んで写真を撮るのに疲れ、むしろ戦闘の「その後」を生きる人々の日常をカメラに収めることを選んだカメラマンの選択とも、相通じるものがあるだろう。

フーコーは自分の作品を執筆する際、「彼らを簒奪しない」という明確な意志を持っていたはずだ。意図はどうあれ結果として書く側、撮る側に「利用している」という後味の悪さが残るような関係にならない作品とは、現実とのどのような距離を保ち、どこで現実に接近するものなのか。

一言で言ってしまうと、そのための手法がフーコーの「系譜学」だということになる。ここで系譜学とは著述の方法というより、むしろそれ以前のところ、政治的直感に基づく「立ち位置」に関係している。彼は刑務所暴動やハンストを素材に、それについてのノンフィクションを書いたりはしない。また刑務所の社会学を作り出すつもりもない。彼は刑務所で起きていたことを「ネタ」に文章を書くのではなく、そこで起きていることが何なのか、シャルルⅢ世刑務所の屋根に立って訴えている人たちが誰の末裔《まつえい》にあたるのかを著作を通じて指し示すのだ。

フーコーの叙述からするなら、彼らは権力との一瞬の邂逅《かいこう》によって闇から光の下に引きずり出された「汚辱に塗れた人々」へとつながっている。また、住所不定職業不詳で反規律を宣言するベアス少年へとつながっている。それらの人々の生は、ある場合には「犯罪者集団」として分類され、ある場合には規律化によって教化され、いずれにしても法を犯すことが政治的な意味を帯びないよう、巧妙な仕掛けが施されてきた。刑務所でのハンストや暴動に参加し、自分たちが置かれている状況を壁の外に向けて訴えようとした人々は、その壁が二世紀かけて築かれた政治的なものであることを、彼らの存在自体によって示したのだ。

フーコーは刑務所の屋根に立つ人々の不安定な足場、格子の向こう側の空腹に歴史的な根拠があることを示した。自身が加わった一連の政治活動、そしてそれと密接につながる『監獄の誕生』執筆を通じて、フーコーは彼らを背後から、そして下から力強く支える土台を築いたのだ。この本の緻《ち》密《みつ》さと熟考された入れ子細工のような構成は、この土台が簡単には揺らぐものではないことを三〇年以上の時を経て示している。だからこそ彼は『監獄の誕生』を、「現在と関わる過去の歴史」（『監獄の誕生』三五頁）について書かれた本だと確信を持って呼ぶことができたのだろう。

終　章　フーコーのリアルと、彼をつかまえにゆく方法

†断片から現実に迫る

私は仕事柄、近現代ヨーロッパのさまざまな思想家の著作を読んできた。その経験を通じて思うのは、偉大な思想家というのは時代ごとにそれぞれタイプが違うということだ。たとえば、ボダン、ホッブズ、スピノザなど、一六・一七世紀の巨人たちは、得体の知れないものを内に秘めていて、宇宙の神秘と彼らのことばが闇の奥深くでつながっているような恐ろしさがある。一八世紀には、思想家たちは「啓蒙」されて闇から光の下に出てくるが、その分一人ひとりは小さくなって、もの分かりよく自分の居場所に収まるようになる。一九世紀前半には奇想天外だが独りよがりな思想家がたくさん出て、それが世紀末に

かけてくそまじめな思想へと収斂してゆく。

では二〇世紀はどうか。出発点にあったのは、大仰なまでの仮想敵作りだ。ニーチェもハイデガーも、古代ギリシャ以来のヨーロッパ思想全体を敵に回したつもりで巨大な聖剣をぶんぶん振り回す甲冑の騎士のようだ。フーコーもまた彼らの一味として出発しているが、彼が生きた時代には、もはや「形而上学批判」を壮大なタイムスパンで行なうことのリアリティは失われつつあった。戦争による大きな喪失に深く傷ついた二〇世紀後半のリアリティは、ヨーロッパ的伝統全体との格闘よりも、むしろ「断片」を提示することで懐疑を呼び起こすことへと変貌していたからだ。

フーコーはこの変化をよく理解していた。彼は時代というものにとても敏感で、言いかえればセンスのある思想家だからだ。フーコーには悪趣味なところがあるが、彼を時代錯誤の「いけてない」思想家だと断言できる人は少ないと思う。念のために言っておくと、時代に敏感であるとは空気を読んで流行に乗ることではない。流行は消費されるが、時代とまともに向き合うとは、それ自体消費に抗う営みだからだ。それは現実を、人々の痛みや軋《きし》みを、それが逃げ去ってしまう前に一瞬でとらえようとする熱意の言いかえなのだ。

ミヒャエル・ハネケという映画監督が、七一個の断片を組み合わせた自身の映画『71フラグメンツ』（タイトルが映画の手法そのままを表している）についてのインタヴューで、二〇世紀後半に映画や文学が現実に迫れるとするなら、それは「断片」を通じてだけではないかと語っている。「全体を知っている」と臆面もなく主張するのは、「メインストリームの映画」だけで、自分はそういうものには興味がないと。

もちろん、断片から現実に迫るためには、ばらばらにされた部分をただ漫然と提示すればよいのではない。どこをどんな風に切り取り組み合わせれば、断片からなるフィクションが現実の何かに触れているかのように見えるか、観る側がそれを感じ取ることができるかを、作り手は熟考しなければならない。ハネケの映画はその点で脚本から編集、撮影、音入れに至るまで練りに練られたもので、もちろん途方もない撮り直しを含め、精緻に作り込まれている。

フーコーの作品、とくに『監獄の誕生』や『言葉と物』は、このように考え抜かれ、作り込まれた芸術作品に似たところがある。著書の中で彼は数々の断片を読者に差し出してくる。細部の執拗な描写、豊富な引用。一見反復的な表現の中で、気づけば物語が進行しているという複雑な構成。断片を折り重ねることで現実に迫ろうとするその手法は、ひるがえって多様な読みの可能性を読者へと開くものとなる。

†ここにはない別の世界へ

もう一つ、ハネケ監督は表現に関しておもしろい指摘をしている。映画が望ましいもの、美しいもの、あるいは描きたい世界をそのまま描いてしまったら、それは陳腐かつ凡庸以外の何ものでもないと。二〇世紀後半という神なき時代にあっても、人は「別の世界 un autre monde」への憧れをなお失わない。だが、たとえばそうした夢のような世界そのものを描いた映画はどう観られるだろう。結果は作り手の意図を裏切るはずだ。というのも、人間の感受性はそれほど単純ではなく、そんなもので観る者の想像力をかきたてることはできないからだ。

ここに、表現したいものを透明なしかたで他者に伝えることはできないという一種の空《くう》隙《げき》とずれが生じ、それ自体が表現者の苦悩と同時に喜びの源となる。芸術の在り処とはまさにこういうところではないだろうか。だから芸術家は、描きたいもの自体を決して描かないことを通じて、別の世界への憧れ、さらには現実の世界に存在する悪や暴力への反抗心を、観客の心に呼び覚ます provoquer ことを試みる。映画の場合なら、「観る」ことがもたらす違和感と不快感が、観客の頭の中に思考のきっかけを作り出し、観る者それぞれが観ることで芽生えた感情をもとに自分で考えはじめ、日常を違った視点で見るようになる。映画はそれをねらって作られているということになる。

実際、ハネケ監督の映画を観ると、なんて人の神経を逆なでする映画なんだ、何のためにこんな不快な気分にさせられるものに金を払わされるのか、ただでも観たくないと腹立たしく思う人も多いはずだ。でも、No future と唄いたくなるような結末を通じて、彼が描いているのが希望であり、人と人との信頼、やさしさと思いやりであるというのも、なんとなく分かるのだ。そうでも思わなければ気持ちのやり場がないほど、彼の映画の後味は悪い。そして、こんな最悪な気分にさせる映画を作る人っていったい……と、監督の存在、作り手の意図を考えざるをえなくなる。

ここですでに、彼の映画は透明なメッセージを伝えるものではなくなっている。さらに、観た後すぐに消化して(消費して)忘れることができないほど不快で説明不能な映像をかなり長尺で観つづけさせるというのは、大変な力技だと思う。

フーコーの著書もまた、後味が悪いと言われる。この後味の悪さとも関係するのだが、彼の書くものはすべて未来への処方箋を欠いたポストモダンの悪ふざけだといった攻撃をくり返し受けてきた。もっとも今では、こんな悪しき流行が過ぎ去ったことを喜び、ポストモダンなんて恥ずかしい過去は忘れてしまおうという雰囲気なのかもしれない。だが、フーコーの著書にオルタナティヴな社会ヴィジョンの提示がない、文明や文化の無責任な否定しか見られないといったそれこそ無責任な批判をした人たちには、希望や信頼や合意や熟慮は、それ自体を陳腐なしかたで描くことで、はたして人々に希求されるようになるのかと聞いてみたいものだ。

別の世界、オルタナティヴな社会ヴィジョンへの欲求をかき立てるには、現実にどのように迫り、今ある世界をどう描くことが最も有効か。フーコーという思想家はこうした問いを自覚的に考えつづけ、届くべき人に届けるための言葉、伝えるべき人に伝えるための手法を頭にいっぱい汗をかいて考えた。だからこそ暗闇に眠る厖大な古い言葉たち(アルシーヴ)との対話を重ね、歴史の砂浜からことばの断片を拾い上げていったのだ。

彼の著作は、まさに理解に抗うところがある。結局何が言いたいのか、どんな「オチ」なのかよく分からない。これでもかというほどくどい描写が延々と続くかと思うと、突如として終わる。だがそれは当然のことで、彼自身ねらってやっていることなのだ。なぜなら、現実の世界には明確なストーリーもオチもないからだ。現実を説明すると称して、分かりやすい筋立てを作り、全体を見渡せる人物や立場を設定し、未来への処方箋を教えてくれるのは、たくさんの観客から金を吐き出させるために作られた「メインストリームの」映画や、「社会全体」を説明し理論化できると称する、見かけ倒しの「社会科学的」言説だけで十分だ。

†フーコーをつかまえて

本書のはじめに書いたとおり、フーコーがねらっていたのは、彼の著書を読むことで読み手が以前とは違ったしかたで世界を眺めるようになることだった。だがその目的を果たすためには、読み手自身が感覚を鋭敏にし、想像力を働かせ、現実に迫りたいという欲求を持つことが必要である。もちろん彼は一種の触媒なのだから、読み手がそこから何を汲み取り、どんな刺激を受け、何を願うかはさまざまで、その意味でつねに読者に開かれている。

そうなると、本書のような「フーコーの著書についての本」はいったい何のためにあるのだろうか。考えようによっては、フーコーの偉大な作品に張りぼての屋上屋を架す試みのようでもあり、かなり恥ずかしい。だが一方で、読んでいるとつくづく思うのだが、フーコーの著書はどれも難解で、どこから取り付いたらいいのかきっかけをつかみにくい。

というのも「革新的な研究というのは、その研究を理解するより活用することで頭がいっぱいの追随者たちが考えるより、少しばかり年老いている」(カンギレム『生命の認識』注II-43)からだ。年老いた研究は周到で複雑で細部への目配りを忘れず、決して単純な一般化の枠に無理矢理落とし込んで結論を出さない。つまりは老獪《ろうかい》なのだ。だからこの本は、読書のためのきっかけ、形はちょっと変だが「フーコー読書案内」のつもりで書いた。こういうところから興味を持てたら、多少難しくて細部がよく分からなくてもフーコーを読む気になってくれるかもしれない。そういう意図でさまざまな角度から、『監獄の誕生』のおもしろさを広げ、つなげ、深める方法を考えた。

フーコーはつかまえるのが難しい。たとえるなら「龍」のような思想家だ。龍をつかまえるにはどうすればいいか。唐代の中国からの言い伝えによると、絵師が龍の絵を描く時は、筆先でかき回しては弱ってしまい、頭でこね回しても萎《な》えてしまう。だからただ降りてくるのを待つのだそうだ。そして「来た」というところで一気に筆で押さえ込む。龍は他の生き物とは違うので、つかまえ方も違うらしい。

私はこの話を『百日紅』という漫画で読んだので、これが本当にもとは唐の物語なのか、杉浦日向子が作った話なのかは知らない。だが、何であれつかまえがたい対象をつかまえようと苦心したことがある人には、これは思い当たる話ではないか。

フーコーは、彼の語ることばを字義通りに追っていって、それを整理して分かりやすく語れば、中心に到達できるような思想家ではない。頭でこね回すと彼の思想は萎えてしまい、枯れてしまう。そしていざつかまえたと思っても、伝え方がまた難しい。ばか正直に彼の言葉をくり返しても何も伝わらないが、かといって勝手に要約すると、彼自身の選び抜かれた表現と叙述の順序を全く生かせない。筆先でかき回せば弱ってしまうのだ。

だからひたすら待つしかない。つまり、フーコーについて書くには十分な時間が必要なのだ。かといって、もちろんただ時間を過ごせば何か出てくるというものでもない。だが不思議なことに、全然別のことに関わっているとき、遠く離れた場所にいるときに、彼の方から自分に近づいてきたとしか思えない瞬間がある。もちろんこういう幸運はそう何度も訪れるものではないのだが。

また、これとは別にフーコーの著述を集中して読んでいるときにも、彼の思考がとても近くに感じられるときがある。こういう場合に起こる独特の感覚、今までうまくつながっていなかった事柄がつながるとともに、自分の思考回路にフーコーが入り込んでくるような感覚が訪れた瞬間に、その思考をかたまりのまま一気に押さえ込んでゆければ、フーコーの核心に迫ることができるような気がする。

そう考えると、この本はまだまだ習作にすぎず、龍のしっぽすら描けていないかもしれない。それでも、フーコーを読むことの楽しさと難しさが少しでも読者に伝われば、それで十分だ。簡単でないことを簡単ではないと、多少とも分かりやすく示すこと。フーコーを読むのはたいへんな作業だが、同時にとても楽しいということ。もしそれを伝えることができたなら、この本を書いた意味はあったと考えている。

新書ブームのせいか、ここ数年新書の出版点数は無数と言っていいほどで、それが瞬く間に消費されてゆく。その中には、本当は難しいことを簡単だと言い張るような本も多い。私はこの本で、複雑で難解な事柄を勝手に簡単な別のものに変えてしまわないで、それでも取り付くきっかけがあることを示したいと思った。それを通じて本書が、消費されるべくして消費される一冊ではなく、知られることは少ないが、これまでも書かれてきた「消費に抗う」書物、許しがたい事柄への抵抗を呼び覚ます書物の一冊となることを願っている。

注

(1) ただし、新しい思想潮流を受け入れるのがその学問自体の宿命とも言える社会学では事情が違っていた。そのため、フーコーから影響を受けた優れた社会学研究も数多くある。

(2) 古典主義時代のフランスには死刑執行人とは別に拷問人がいた。ただし、この人たちがどこから収入を得ていたのか(拷問「官」なのか、拷問される側が支払ったのか)、その出自や生活、また死刑執行人との関係などの詳細は分からない。

(3) 逆に犯罪を思い立ったとき、あるいは目撃した時にはすぐさま刑罰が思い浮かぶという意味では、犯罪が刑罰の所記でもある。ここでは意味するものと意味されるものとが反転しうるのだから、記号の比喩は厳密にはあてはまらない。だがフーコーの説明のしかたは、『言葉と物』での叙述を念頭に置いているとしか思えない。

(4) カントは、一般予防は受刑者を一般人に教訓を与える手段として用いるため、「人格を手段として扱ってはならない」という道徳律に反するとしてこれを認めず、応報刑を支持した。しばしば応報刑は原始的刑罰であるかのように言われるが、近代的な「人格の尊厳」という原理を厳密に適用するなら、刑罰としては厳格な応報刑以外の体系はありえない。この点を見ても、彼は「人格」の尊重という近代的な価値観を貫徹した数少ない思想家である。

刑法史では、ベンサムは一般予防(刑罰を見聞した一般人への予防効果を重視する)を支持したと整理されている。もっともこの点とパノプティコン構想（受刑者個人への効果を重視する特別予防と結びつきやすい）とを整合的に説明しようとすると、刑法史上のベンサムの位置づけは難しくなる。一種の進歩史観と概念的整理という発想のみに依拠した刑法史では、歴史を下るにしたがって応報刑→一般予防→特別予防へと刑罰を支える主な思想が変化するとみなされてきたからだ。

実際にはベンサムは、一般予防と特別予防を混合する形で、刑罰が与える「予防」効果を重視していたようである（『道徳と立法の諸原理序説』第一四章第三九節など）。この点は、応報刑が過去の行ないへの報復や償いという意味を担うのに対し、将来に向けた予防を重視するという意味で、規律やパノプティコンとも結びつけて理解しやすい。

（5）この独特の行進は、花輪和一のマンガ『刑務所の中』や、今村昌平の映画『うなぎ』で取り上げられている。

（6）重田園江『フーコーの穴──統計学と統治の現在』（木鐸社、二〇〇三年）。

（7）彼はこの権力を、『知への意志』以降「法的・主権的権力」と呼ぶが、この呼称が持つイメージから来る誤解や、この権力の規定をめぐるフーコー自身の揺れもある。これについては第11章で改めて取り上げる。

（8）「工夫」という言葉に含まれるみみっちさは、町田康の短篇「工夫の減さん」（『権現の踊り子』講談社文庫所収）が、文学的タッチで描いている。

（9）ある地域を「封鎖」するなどということが、現代の日本で起こると思っていた人は少ないはずだ。原発事故でそれが現実となったことをどう受け止めたらよいのか分からないが、現在では生命の危機に際しても「ペストの都市」のような強権的な手法をとれないこと、あるいはチェルノブイリの事故の時のように、兵士や消防士に詳細を伏せたまま作業に従事させるなど許されないことは、「民主主義のよき成果」と考えるべきだろう。一方で不特定多数の人が長期間死の危険に曝される恐怖がいかに大きなものかを身をもって知るとき、ペストの都市における厳格な対応を過去の野蛮として嗤うこともできない。

(10)『安全・領土・人口』三〇六頁。前後の文を引用しておく。「国家が統治性の一類型にすぎないとしたら？ 多種多様で異質な多くの過程を経て少しずつ作られ、だんだんと形を整え成果を生み出す権力の諸関係、あるいは統治のさまざまな実践こそ、まさに国家に他ならないとしたら？ そうなると、国家とは歴史に忽然と現れた一種の冷酷な怪物でもなければ、倦むことなく増殖し成長を続ける存在でもなくなる。市民社会の上に覆い被さり脅威を与える生き物とは見なせなくなるはずだ」。

(11)ただし講義草稿では、フーコーはマキャヴェリの『リウィウス論』に言及し、そこにフーコーが言う意味での「統治」への関心を見出している（一九七八年三月八日の講義。『安全・領土・人口』三一三頁注39)。このことは『君主論』以外に関心を移しつつあった当時のマキャヴェリ研究の展開から考えても興味深い。たとえばポーコック『マキャヴェリアン・モメント』の出版は一九七五年だった。

(12)神聖ローマ帝国で教育を受け、のちにオランダ軍、スウェーデン軍に勤めた。

(13)ボダンには『魔女の悪魔憑依』という著書があり、魔女狩りを煽動した張本人としてしばしば非難されてきた、マニアには垂涎の思想家である。ボダンがウルトラ保守なのか革命思想家なのか、神秘主義なのか近代主義なのか、私には全然分からない。このあたりは近世の思想家が持つ闇の深さと得体の知れなさを体現していて、なかなかに近寄りがたい。

(14)原文は〔le〕droit de *faire* mourir ou de *laisser* vivre s'est substitué un pouvoir de *faire* vivre ou de *rejeter* dans la mort.

(15) 講義タイトルと内容の隔たりも含め、この年の講義の中身とその前後のフーコーの思索との関係については、重田「戦争としての政治——一九七六年講義」（『現代思想』第31巻16号）、重田「戦争から統治へ——コレージュ・ド・フランス講義」（『フーコーの後で』所収）を参考にしてほしい。

(16) これにはさまざまな理由があったと推測されるが、冷戦を含む戦争の図式が社会関係を理解するモデルとなりつづけていたことが大きかったと思う。フーコーは当時すでに「冷戦後」の権力をとらえるためのモデルを考案しようと試みた、数少ない思想家だった。

(17) 生に対する権力、生権力について、ここではこれ以上踏み込んで論じられない。少なくとも『監獄の誕生』の時点では、フーコーはこの権力を名指すことは一度もない。この言葉は一九七六年のコレージュ・ド・フランス講義と『知への意志』ではじめて登場する。これに関連して、一九七六年、一九七八年、一九七九年の講義の内容に立ち入り、そこで検討された問題を「生」「生命」を軸に論じたものとして、金森修『〈生政治〉の哲学』（ミネルヴァ書房、二〇一〇年、第一章）がある。

また、生権力をめぐっては、興味深い研究が国内外でなされてきた。研究史をコンパクトに俯瞰した論文として、山崎吾郎「研究動向——生政治と統治性の現在」（檜垣立哉編著『生権力論の現在——フーコーから現代を読む』勁草書房、二〇一一年）が役に立つ。

(18) シュミットは魅力ある思想家で、ドイツ思想も法哲学も苦手な人でも読める文体の持ち主だ。他方でその思想の全貌は謎で、頭が冴え冴えの法学者たちを長く魅了してきた。俳優にたとえるなら、オーバーアクションで演劇的だが上手いのか下手なのか分からない、藤原竜也みたいな存在だろうか。

本文で「シュミット的」と述べた政治観の典拠とされてきたのは、「現代議会主義の精神史的状況」

（一九二三年）「政治的なものの概念」（一九二七年）『憲法論』（一九二八年）などである。もう一方の、分からない方のシュミットに挑戦してみたい人は、『カール・シュミット著作集Ⅱ』（慈学社、二〇〇七年）に付された長尾龍一「シュミット再読——悪魔との取引？」を糸口に、和仁陽『教会・公法学・国家——初期カール・シュミットの公法学』（東京大学出版会、一九九〇年）、石川健治『自由と特権の距離——カール＝シュミット「制度体保障」論・再考〔増補版〕』（日本評論社、二〇〇七年）をどうぞ。

（19）これは『監獄の誕生』出版直後、『マガジーヌ・リテレール』誌の一九七六年六月号に掲載されたインタヴューで、冒頭からかなり長く「監獄の失敗は何の役に立っているか」を話題にしている。フーコーがこの問題に抱いていた興味が、当時の受刑者運動が投げかけたアクチュアルな問いと連動していることも分かる。

（20）delinquance（英 delinquency）や delinquant（英 delinquent）という言葉は、一七世紀にはすでに使われていたようだ。いつごろからよく使われるようになったのかは分からないが、たとえばベンサム『道徳と立法の諸原理序説』（一七八九年）には頻出する。

（21）「ＧＩＰ［監獄情報グループ］の宣言書」『ミシェル・フーコー思考集成Ⅳ』六三頁のドゥフェールによる付記。

参考文献(付 読書案内)

【フーコーの著書】

ミシェル・フーコー、田村俶訳『狂気の歴史——古典主義時代における』新潮社、一九七五年。

Michel Foucault, *Folie et déraison: Histoire de la folie à l'âge classique*, Paris: Plon, 1961.
＊原著初版のタイトルは、『狂気と非理性——古典主義時代における狂気の歴史』。一九七二年にガリマール社から再刊される際、『古典主義時代における狂気の歴史』に改められた。背景には「非理性」という言葉をめぐるフーコーの立場の変化がある。この本の特徴はものすごく長く、しかも読みにくいことだ。研究者でもなければ、精神医学前史の狂気をめぐるさまざまな考え方の出現と変遷の部分は読み飛ばしてよいと思う。「阿呆船」や「大いなる閉じ込め」の章は、後の著作につながる「近代以前、人々は狂気の人をどう扱ったか」の描写が多く、楽しめるはずだ。三〇歳ごろのフーコーが、湧き上がるイメージのほとばしりを知性によって必死に抑え込もうとするかのような筆致がすばらしい。
ミシェル・フーコー、渡辺一民・佐々木明訳『言葉と物——人文科学の考古学』新潮社、一九七四年。

Michel Foucault, *Les mots et les choses: Une archéologie des sciences humaines*, Paris: Gallimard, 1966.

＊この本がさっぱり分からなくても落ち込むことはない。分かったところで、生きる指針を与えてくれるような内容でもない。ルネサンスのところは一番分かりやすいので、まずそこを押さえて、次に「二重化された表象」を中心に古典主義時代をつかめばよい。近代については、精神分析の評価は『知への意志』で一変する。カントはさすがに熟考を経て書かれていて、既存の入門書などと観点が違うので多面的な理解の一助となる。

ミシェル・フーコー編著、慎改康之他訳『ピエール・リヴィエール——殺人・狂気・エクリチュール』河出文庫、二〇一〇年。

Michel Foucault (éd.), *Moi, Pierre Rivière, ayant égorgé ma mère, ma sœur et mon frère... Un cas de parricide au* XIXe *siècle*, Paris: Gallimard, 1973.

＊同書はかつて『ピエール・リヴィエールの犯罪』として日本語訳されていた。フランスでは出版当時ずいぶん話題になったらしく、映画化もされている（一九七六年フランス公開）。母親と妹弟を斧で殺害したノルマンディの若い農夫、リヴィエールの手記は、息もつかせぬスピードで読者を引き込む。映画の製作をめぐる思い出を綴ったドキュメンタリー映画『かつて、ノルマンディで』（二〇〇七年フランス、二〇〇八年日本公開）には、ほんの一瞬だが出演に備えて扮装したフーコーの写真（司法官役？）と、彼は気取ることもなくごく普通にみな

と会話していたというロケ地の村人たちの証言が出てくる。

ミシェル・フーコー、田村俶訳『監獄の誕生——監視と処罰』新潮社、一九七七年。
Michel Foucault, *Surveiller et punir: Naissance de la prison*, Paris: Gallimard, 1975.

＊泣きながら読み、読みながら泣く。フーコーの最高傑作！　内容については本書全体を参照されたい（原著のタイトルは『監視と処罰——監獄の誕生』で、日本語訳と逆になっている。訳文の水準は後半やや残念）。

ミシェル・フーコー、渡辺守章訳『性の歴史Ⅰ　知への意志』新潮社、一九八六年。
Michel Foucault, *Histoire de la sexualité I, La volonté de savoir*, Paris: Gallimard, 1976.

＊キリスト教における「告白」の習慣と精神分析を結びつけ、両者を批判した本なのだが、告白すると私はこの本が苦手だ。時代区分、テーマ、着眼点が前後の著作と微妙にずれていて、とても読みにくい。これから論じてみようと思うアイデアをさまざまに放り込んだ実験作だと分かっていても、『監獄の誕生』に比べてあまりに完成度が低い。部分的には興味深い指摘も多いが、字義通りに受け取ると整合性がとれない箇所も多く、前後に書かれた文献を参照して文脈を補いながら読むことを薦める。

ミシェル・フーコー、石田英敬・小野正嗣訳『社会は防衛しなければならない——コレージュ・ド・フランス講義一九七五—一九七六年度』筑摩書房、二〇〇七年（本文中では「一九七六年講義」としている）。

Michel Foucault, *Il faut défendre la société, Cours au Collège de France, 1976*, Paris: Gallimard, 1997.
＊前年の『監獄の誕生』をきっかけに「権力」についてのアイデアが次から次へと溢れ出し、それをどう言語化したらよいかと試行錯誤をくり返す様子が伝わってくる。自分がつかみかけている事柄はまったく新しいもので、それを論じる既存の言語はないという確信の下、これでもない、あれでもないと苦闘するフーコーは、よく知られた写真（第I部扉に載せておいた）での仕草のように力強く手を掲げて聴衆に示しながら、形になりきらない言葉たちをつかもうとしていたのだろう。ブーランヴィリエを論じるくだりは政治思想史の新たな鉱脈として興味深いのだが、この講義以外ではほとんど語られることもなかった。

ミシェル・フーコー、丹生谷貴志訳「汚辱に塗れた人々の生」『ミシェル・フーコー思考集成VI』筑摩書房、二〇〇〇年。
Michel Foucault, 'La vie des hommes infâmes,' in *Les Cahiers du chemin*, No.29, 1977.
＊たたみかけるような思考のうねりが生々しく感じられる文章。「近代に展開したことはすべて古典主義時代に準備されていた」という修正主義的な歴史観を超えて、フーコーがいかに古典主義時代の特異性を愛していたかが分かる。この時代には、表向きの支配者と被支配者の暴力的な邂逅が権力のすぐそばに息づき、衝突の火花と生々しい混沌が専門分化されざる知による粗暴な介入の中に見て取れるのだ。

ミシェル・フーコー、高桑和巳訳『安全・領土・人口――コレージュ・ド・フランス講義一九七七―一九七八年度』筑摩書房、二〇〇七年（本文中では「一九七八年講義」としている）。
Michel Foucault, *Sécurité, territoire, population, Cours au Collège de France, 1977–1978*, Paris: Gallimard, 2004.

＊「統治性」をめぐる二年度にわたる講義の第一弾。度重なる話題の転換についてゆくのが難しく、また回によってはあまりの密度とスピードにこれだけ読んでもよく分からない。司牧権力および国家理性とポリスの部分はいくつかの講演で発表されたが、講義全体が出版されるまで全貌は謎で、誤解も含め内容についてのさまざまな憶測が流布した。『監獄の誕生』は、この講義での「近代国家の系譜学」を背景に読むことではじめて、十分な奥行きを与えられる。

ミシェル・フーコー、慎改康之訳『真理の勇気――コレージュ・ド・フランス講義一九八三―一九八四年度』筑摩書房、二〇一二年（本文中では「一九八四年講義」としている）。
Michel Foucault, *Le courage de la vérité, Cours au Collège de France 1984*, Paris: Gallimard, 2009.

＊この年の講義はフーコーの体調悪化のため二月八日からはじまり、三月二八日が最終講義だった。一月初旬にはじまる予定の講義は結局中途半端なところで終わり、フーコーは最後に、「このつづきはまた今度話します。遅くなりすぎましたから」（'It's too late'の意味なので、深

読みすると「もう手遅れだ」ともとれる）と発言している。声をからしながら最終講義を終えた彼は、『性の歴史』第二巻・第三巻の校正を終えた後、六月二五日に死去した。

【『監獄の誕生』出版前後のコレージュ・ド・フランス講義】

一九七一―一九七二年「刑罰の理論と制度」（未刊行）

一九七二―一九七三年「処罰社会」（八幡恵一訳、筑摩書房、二〇一七年）

＊この二年度の講義でフーコーは、『監獄の誕生』の一部分を集中的に検討している（私は講義草稿を見ていないので、講義要旨だけからの判断）。フーコーがはじめにどこに着眼し、それをどのように拡大し、著書へと結実させていくのかを知る材料となる。「刑罰の理論と制度」は『監獄の誕生』第一部で取り上げる時期を、とくに「知」のあり方に注目して論じている。「処罰社会」は一八世紀の刑罰改革と監獄をめぐるもので、『監獄の誕生』第二部から第四部に対応し、同書の結論部分までをはっきり見通した形で構成されている（この点は、彼がGIPの活動への影響を懸念して著書の執筆を二年遅らせたというドゥフェールの証言と一致する。一九七三年に著書の構想はすでにできあがっていたのだろう）。「処罰社会」では、『監獄の誕生』で最も有名な「パノプティコン」も取り上げられている。

一九七三―一九七四年「精神医学の権力」（慎改康之訳、筑摩書房、二〇〇六年）。

＊最初の四回の講義で規律権力について改めて論じている。『監獄の誕生』より詳しく語られ

ているのは、規律の展開史における修道会などの役割と、家・家庭・家族の問題である。ここから家族がなぜ『監獄の誕生』で論じられなかったかが間接的に分かる。
一九七四―一九七五年「異常者たち」(慎改康之訳、筑摩書房、二〇〇二年)。

【フーコーの手稿等を見ることができる Web】

L'IMEC(現代出版記録研究所)内の La Bibliothèque Foucaldienne の各文書 (http://lbf-ehess.ens-lyon.fr から入ることができる)。

【その他の参考文献】

阿部謹也『刑吏の社会史――中世ヨーロッパの庶民生活』中公新書、一九七八年。
＊ドイツ中世史の名著。残虐な拷問と刑罰のやり方が図説を交えて解説されているのに、なぜか恐ろしさはあまり感じられない。むしろヨーロッパの最深部とも言えるドイツ中世の世界に引き込まれてしまう。「刑吏」という特殊な職業について語りながら、ドイツ社会の変遷、都市の勃興、都市住民たちの生活など、社会全体への目配りがなされている。

フィリップ・アルティエール他編『監獄情報グループ――ある闘争の記録一九七〇―一九七二』(日本語訳なし)
Philippe Artière, Laurent Quéro et Michelle Zancarini-Fournel (eds.), *Le Groupe d'informa-*

tion sur les prisons, *Archives d'une lutte, 1970–1972*, Paris: L'IMEC, 2003.
＊GIP結成の歴史的背景、直接のきっかけとなった事件、収監者へのアンケートの実物写真、GIP発行の文書、フーコーの自筆原稿、ビラや写真、イタリアとアメリカ（主にアッティカ）での刑務所暴動関連の写真や文書など、貴重な資料が一冊にまとめられている。ダニエル・ドゥフェールによる「あとがき」には、グループの結成過程や活動、フーコーが関わることになった経緯などが、詳しく記されている。

石井良助『江戸の刑罰』中公新書、一九六四年。
＊日本法制史の第一人者とされる著者による入門書。豊富な資料を用い、江戸幕府による刑罰の歴史的変遷を描く。法令のみならず、取締りと処罰を実施する町奉行などの機構、また処罰実務に携わった人々にも目を向けている。かなりの分量を占める「牢屋」「人足寄場《にんそくよせば》」についての記述は、『狂気の歴史』の「大いなる閉じ込め」との対比で読むと興味深い。

マックス・ウェーバー、大塚久雄訳『プロテスタンティズムの倫理と資本主義の精神』岩波文庫、一九八九年（他にも複数の訳がある）。
＊翻訳が数種あるが、どれを挙げるのが穏当か考えるだけで胃が痛むほど、論争が多い思想家。「プロ倫」執筆に際して二次文献を多用したことが、最近日本で「犯罪」と糾弾された。フーコーも同時代の二次文献を大いに参照しているが、誰もそれを犯罪とは言わない。そしてここに両思想家自身のキャラクターの違いが関係している。フーコーの読者はおおらかで、

そういうことをあまり気にしない。気にしなさすぎで彼の説の裏を取るという考えがなく、またフーコーの「全体を読む」発想が欠如しているのが難点かもしれない。

ゲルハルト・エストライヒ、阪口修平・千葉徳夫・山内進編訳『近代国家の覚醒――新ストア主義・身分制・ポリツァイ』創文社、一九九三年。

＊「近代的権力国家の理論家　ユストゥス・リプシウス」「ドイツにおける身分制と国家形成」「ポリツァイと政治的叡知」の三論文を収録し、それぞれの訳者が詳しい解題を付している。解題はドイツ国制史の研究ガイドとしても役立つ。エストライヒは、ヨーロッパにおける規律化の背景に「新ストア主義」という鉱脈を発見し、そのことを裏付けようとする思想史的・精神史的関心から出発した。だが、徐々に規律化自体に関心が移り、それにつれて精神史より統治技術そのものを注視するようになった。この線に沿った研究は未完に終わったが、晩年はフーコーの統治性への興味とかなり近いところに立っていたと思われる。

アルベール・カミュ、宮崎嶺雄訳『ペスト』新潮文庫、一九六九年。

＊途中で読んでいるのが苦しくなってくる作品。政治と文学、そして倫理がこんな風に結びつくとは、実存主義ってなんて素敵なの！　と思わずにはいられない。もっともカミュは、○○主義といった分類と関係なく読まれてよい作家だ。『ペスト』は例外状況を描いているようで、実は同じような決断を迫られる場面が日常の中に隠れているのだ、それを見ようとしないから見えないだけだと思いながら読むと、いても立ってもいられなくなる。

ジョルジュ・カンギレム、杉山吉弘訳『生命の認識』法政大学出版局、二〇〇二年。
＊フーコーの師であるカンギレムが、『正常と病理』『反射概念の形成』などで展開されたテーマを含めて、生命とそれに関する学について実に多様な観点から考察したもの。これを読むと、フーコーが「批判的科学史家」として最も影響を受けた思想家であるカンギレム像が浮かび上がるだけではない。人間が生体であり生命であるという特質から、哲学史と科学技術史を全面的に見直すべきだという問題意識がはっきり読み取れる。後の現代思想上のさまざまな論点を先取りしており、原著初版が一九五二年というのは驚きを禁じえない。
フランツ・シュミット、藤代幸一訳『ある首斬り役人の日記』白水社、一九八七年（白水Uブックスから再刊）。
＊一五七三年から一六一七年の間に三六一人を処刑した「マイスター・フランツ」の日記。記述はそれぞれの犯罪のあらましが中心で、処刑についてはその種類が簡便に記されているにすぎない。絞首、斬首が最も多く、車裂き、溺死（嬰児殺し犯）、また処刑後の「さらし」や「腑分け」の事例も見られる。死刑以外では大半が笞打ちだが、手指や手首、耳の斬り落としもある。文体はシンプルで事務的と形容してもよい。感情を排したメモ書き風の筆致が、逆に犯罪や処刑場面の凄惨さを想像させる。
エミール・デュルケム「刑罰進化の二法則」作田啓一編著『人類の知的遺産57　デュルケーム』講談社、一九八三年。

＊この論文はいろいろな意味でデュルケムらしさに溢れている。彼の推論はかなり強引だが、力強い筆致と次々に例を挙げてたたみかけるような論証に、読者は思わず惹きつけられる。この時点で彼は、「慣習」という曖昧なものを避け、できるだけ書かれた法に依拠しようと努めている。ところがその後、いわば死せる法によってはつかむことができない生ける相互行為の重要性に目覚め、それと相即して「未開」への見方が変化してくる。私の考えでは彼にそれを気づかせたのは甥のモースだ。モースの『贈与論』はデュルケムを継承し社会関係について考察したすばらしい一冊である。

フリードリッヒ・ニーチェ、信太正三訳『道徳の系譜』（『ニーチェ全集11　善悪の彼岸・道徳の系譜』所収）ちくま学芸文庫、一九九三年（他にも複数の訳がある）。

＊ニーチェに言わせれば、すべての読解は誤読でもあり、真理と虚偽に本質的区別はない。だからニーチェ自身の本だってどう読んでもいいのだ。それでもやはり、セカイ系かバトルロワイヤル系か知らないが、空想の中で肥大化する自己を「貴族」とみなし、良心の疚《やま》しさやルサンチマンを見下すような読み方はどうかと思う。ニーチェの哲学は自己肯定あるいはちっぽけな自己の超越としてではなく、超越を僭称するものに価値の反転をつきつける「病者の光学」として読まれるべきではないだろうか。フーコーは徹底して、この意味でのニーチェ主義に立つ表現者だった。

二宮宏之『全体を見る眼と歴史家たち』木鐸社、一九八六年（平凡社ライブラリーから再刊）。

＊「フランス絶対王政の統治構造」は、歴史学のすばらしさを体現した名論文（もとは学会報告）だ。二宮氏がいかに社会史研究のイメージを覆す「全体を見る眼」を持っていたかを思い知らされる。細かい議論に終始し出典を明記することに血眼になるタイプの研究論文と違い、長年の資料の読み込みと研究動向への目配りから無駄な細部を削ぎ落とした文章の静謐さ、本当に力ある歴史研究者はどう書くかを遺憾なく見せてくれる。

イアン・ハッキング『確率の出現』一九七五年。
Ian Hacking, *The Emergence of Probability: A Philosophical Study of Early Ideas about Probability, Induction and Statistical Inference*, Cambridge U. P., 1975.

＊一七世紀、パスカルとフェルマーの時代に突如として生まれた確率論。それがいかに劇的に「蓋然的な事柄」についての知と真理の体系を変えてしまったかを描いた力作。ハッキングの主著の一つだが、タームが独特で時代考証も困難なため翻訳がないのが残念（その後、二〇一三年に日本語訳刊行）。『言葉と物』のルネサンス期の記述を理解するのにも役立つ。

チェーザレ・ベッカリーア、風早八十二・風早二葉訳『犯罪と刑罰』岩波文庫、一九五九年改版（二〇一一年に東京大学出版会からハードカバー新訳が出ている）。

＊原著初版は一七六四年。封建制および絶対王政の苛酷で専横的な刑罰に鋭い批判を加え、明快で一般的な原則に基づく処罰を提言した。人道主義と人権意識に貫かれた本として読めば全くその通りなのに、『監獄の誕生』の主張に毒された目で読むとフーコーの言う通りにも

読めるのが不思議だ。文章はシンプルで短く、誰にでも分かるように配慮されている。理想的な「啓蒙の文体」で書かれた作品と言えるかもしれない。

丸山眞男『忠誠と反逆――転形期日本の精神史的位相』筑摩書房、一九九二年（ちくま学芸文庫から再刊）。
＊この本と『日本政治思想史研究』を読んで、丸山眞男に感服しない人はいないはずだ。資料を引っぱる手際が鮮やかで、手品師のごとく見せたいものを見せることができるのが羨ましい。文章は決して平易でないのに、日本思想の基礎知識ゼロでも十分論旨を追うことができる。その一方、細部にさまざまな配慮や目配りがなされていて何度でも読ませる。初出誌では未完だった「国家理性」論文については、丸山が当初描いていた全体構想が「補注」で明かされている。
ルーシェ、キルヒハイマー『刑罰と社会構造』一九三九年（日本語訳なし）。
Georg Rusche and Otto Kirchheimer, *Punishment and Social Structure*, New York : Columbia U. P., 1939.
＊キルヒハイマーはドイツではカール・シュミットに師事した。ナチス政権成立後アメリカに亡命し、この地でフランクフルト学派の社会研究所研究員となった。ルーシェはドイツ時代から社会研究所で助手を務めており、三〇年代初頭から刑務所についての論説を書いている。この本を執筆したのは主にルーシェで、キルヒハイマーの役割は限定的だったとされる。新

装版（New Brunswick, 2003）にダリオ・メルッシによる解説がある。
バーバラ・レヴィ、喜多迅鷹・喜多元子訳『パリの断頭台——七代にわたる死刑執行人サンソン家年代記』文化放送開発センター出版部、一九七七年。
＊著者はこの本の執筆に当たって、パリの電話帳に掲載されている「サンソン」を名乗る二九の家すべてに連絡をとり、著名な処刑人一家（「ムッシュ・ド・パリ」と呼ばれた）との関連を尋ねたという。その結果、パリには処刑人サンソンの末裔《まつえい》は彼女の調査によるかぎり住んでいないことが分かった。

特別付録

規律化や監獄・刑務所に関連する、フーコーの主な論文、講演、インタヴューなどを挙げておく（ただし、『ミシェル・フーコー思考集成Ⅰ—Ⅹ』［筑摩書房］で読めるものに限った。論文名の後のローマ数字は『思考集成』収録巻、アラビア数字は論文に付けられた通し番号。★印を付けたものは『フーコー・コレクション1—6』［ちくま学芸文庫］にも収録されている）。

《『監獄の誕生』出版以前》

「GIP［監獄情報グループ］の宣言書」Ⅳ（86）以下、（95）までのGIP活動に関連する文章
★［ただし（86）および（88）のみ］

「大がかりな収監」（インタヴュー）IV（105）★
「円卓会議」（座談会）IV（107）
「人民裁判について――マオイスト（毛沢東主義者）たちとの討論」（座談会）IV（108）★
「ポンピドゥーの二人の死者――監獄と死について」（論説）IV（114）
「刑罰の理論と制度――コレージュ・ド・フランス一九七一―一九七二年度講義要旨」IV（115）
「刑務所と刑務所の中の反乱」（インタヴュー）IV（125）
「監獄的監禁について」（インタヴュー）IV（127）★
「処罰社会――コレージュ・ド・フランス一九七二―一九七三年度講義要旨」IV（131）
「アッティカ刑務所について」（インタヴュー）V（137）
「真理と裁判形態」（講演）V（139）★
「序文――B・ジャクスン『彼らの監獄――アメリカの囚人たちによる自伝』に寄せる」V（144）

《『監獄の誕生』出版以後》

「拷問から監房へ」（インタヴュー）V（151）
「尋問の椅子で」（インタヴュー）V（152）
「あるフランス人哲学者の見た監獄」（インタヴュー）V（153）
「監獄についての対談――本とその方法」（インタヴュー）V（156）★

「異常者――コレージュ・ド・フランス一九七四―一九七五年度講義要旨」V（165）
「十八世紀における健康政策」（論文）VI（168）、改訂版VIII（257）★
「地理学に関するミシェル・フーコーへの質問」（インタヴュー）VI（169）★
「ソ連およびその他の地域における罪と罰」（インタヴュー）VI（172）★
「権力の眼」（座談会）VI（195）★
「社会医学の誕生」（講演）VI（196）★
「汚辱に塗れた人々の生」（序文）VI（198）★
「監禁、精神医学、監獄」（座談会）VI（209）
「十九世紀司法精神医学における「危険人物」という概念の進展」（講演）VII（220）
「近代テクノロジーへの病院の組み込み」（講演）VII（229）
「監獄をめぐる闘争」（座談会）VIII（273）
「全体的なものと個的なもの――政治的理性批判に向けて」（講演）VIII（291）★
「空間・知そして権力」（インタヴュー）IX（310）
「処罰するとは何の謂か？」（対談）X（346）
「ミシェル・フーコーに聞く」（インタヴュー）X（353）
「個人の政治テクノロジー」（講演）X（364）★

付録

この本を読んでもっと専門的な議論を知りたい、あるいは典拠となる引用を含めて細かい話も読んでみたいという奇特な人のために、私がこれまで書いたフーコーについての論考を古いものから順に挙げておく。

・「近代権力の複層性――ミシェル・フーコー『監獄の誕生』の歴史像」『相関社会科学』第五号（一九九六年三月）（東京大学大学院総合文化研究科相関社会科学専攻）。
↓『監獄の誕生』における規律権力と法的権力との二重性について。
・「自由主義の統治能力――ミシェル・フーコーのオルド自由主義論」『ライブラリ相関社会科学3　自由な社会の条件』新世社、一九九六年。
↓一九七九年コレージュ・ド・フランス講義のうち、二〇世紀の新自由主義、なかでもドイツのオルド自由主義についての部分を解説したもの。
・「ミシェル・フーコーの統治性研究」『思想』第八七〇号、一九九六年一二月号。
↓一九七八年、七九年コレージュ・ド・フランス講義の全体像を概観したもの。かなり細かい部分まで調べて書き込んであるので、迷路のような講義のガイドになる。
・「一九世紀の社会統制における〈社会防衛〉と〈リスク〉」『現代思想』第二五巻三号、一九九七年三月号。
↓一九世紀末の「危険人物」概念について、フーコーの論文をもとに解説したもの。
・「《生のポリティクス》と新しい権利」『20世紀の法哲学』一九九八年（法哲学年報一九九七）。
↓フーコーの生権力論が、新しい権利の構想にどんなヒントを与えるかについて。
・「ミシェル・フーコーにおける知と権力」『別冊情況　二〇世紀社会学の知を問う』一九九九年四月号別冊。
↓フーコーにとっての知と権力の結びつきを、社会学と関係づけて論じたもの。
・『フーコーの穴――統計学と統治の現在』木鐸社、二〇〇三年。
↓フーコーの視点に立って現代社会を見るとどうなるかを、社会統計や計測と関連する領域に限って論じたもの。ただし、フーコー「について」の本ではない。
・「戦争としての政治――一九七六年講義」『現代思想』第三一巻一六号、二〇〇三年一二月臨時増刊号。
↓一九七六年講義のうち、とくにオトマンからブーランヴィリエに至る言説史と、彼らとホッブズおよびヒュームとの発想の違いを解説したもの。
・「戦争から統治へ――コレージュ・ド・フランス講義」芹沢一也・高桑和巳編『フーコーの後で――統治性・セキュリティ・闘争』慶應義塾大学出版会、二〇〇七年。
↓前掲「戦争としての政治」のつづき。フーコーがなぜ血と戦争の言説を離れて統治の探究に向かったかを、一九七六年講義の再構成によって探究したもの。
・「誤謬の勇気」（酒井隆史との対談）『現代思想』第三七巻七号、二〇〇九年六月号。
↓講義録出版によって出揃ってきたフーコーのコレージュ・ド・フランスでの講義内容（とくに一九八〇年代）を踏まえ、いま、そしてこれからフーコーをどう読むかを展望した。

【二〇二一年一月追記】

・『統治の抗争史――フーコー講義 1978-79』勁草書房、二〇一八年。
↓本書の中で最も難解な第Ⅳ部のテーマである統治性について、一冊まるまる使って詳細に取り上げた著書。
・『フーコーの風向き――近代国家の系譜学』青土社、二〇二〇年。
↓右に挙げた文献のうち、『フーコーの穴』と「誤謬の勇気」を除くすべての論文を改訂・収録し、他に書き下ろし論文を含むフーコー論集。

あとがき

「新書は老成してから書くもの」という、今でも半ば正しいと思っている考えもあり、長い間書く気になれなかった。今回の話も最初は依頼状もろくに読まずに断る際の言い訳を考えたりしていた。

だが、逡巡する私をついついその気にさせたのは、なぜだかいつもノリノリの編集者、筑摩書房の増田健史氏だ。後で考えると、つねに前のめりな編集者の勢いに呑まれただけなのかもしれない。でもというか、だからというか、この本の多くの箇所は、彼に乗せられたその場の勢いがなかったら、とうてい文章にならないまま棺おけまで持っていったようなアイデアから成っている（棺おけに入るような死に方をすればの話だが）。増田さんとのおかしな会話で椅子からずり落ちそうなほど笑ったりしたが、思いついては消えてゆくビールの泡のような構想を、紙の上にとどめ形にする機会を与えてくれたことに感謝している。

大好きな人の大好きな本についてなぜ好きかを書いて出版できるということは、それ自体とても幸運なことだ。この本を書いている間、楽しさがいっぱいで苦労はほんの少しだった。こんなに楽しく書いたのははじめての経験だ。こちらの事情などお構いなしにフルスロットルで流れ込んでくる日常の中で、どんなに忙しくてもこの本のつづきのアイデアを頭の片隅で考えてしまう日々が続いた。だから書き終わるのは残念で、もっとずっとフーコーのことばかり考えていたかった。

躊躇する私にご自身の経験から執筆を勧めて下さったのは、恩師の長尾龍一先生だ。またイギリス思想に疎《うと》い私にベンサムについて助言してくれたのは、児玉聡さんである。他にも支えてくれた人は数え切れない。大学院入学以前から、ずっとフーコーとつきあうと決めていたのだから、その間に関わったすべての人たちに支えられてきたと言える。

また、この本の随所に顔を出すたとえや具体例は、明治大学「現代思想」の講義で毎回しゃべる「前説」と、それに対する学生たちの楽しい反応によるところが大きい。

だがやはりこの本をいちばん根底のところで支えているのはフーコーという思想家で、また『監獄の誕生』という書物、挑戦的で多様な読みに開かれ、そして徹底して消費に抗う一冊の著作だ。フーコーが魅力的だからこの本を書くのは楽しかったし、『監獄の誕生』

がすごすぎるから、一冊の書物だけを取り上げようとしたのに次々とアイデアが出てきたのだと思う。書く前は途中で書くことがなくならないかと心配したが、終わってみればここに書ききれなかったことがまだまだたくさんある。いつかまた、別の場所で別の機会に同じ読者と出会えればと思う。

二〇一一年七月

重田園江

ちくま新書
922

ミシェル・フーコー
――近代《きんだい》を裏《うら》から読《よ》む

二〇一一年九月一〇日　第一刷発行
二〇二二年八月二五日　第七刷発行

著　者　重田園江（おもだ・そのえ）
発行者　喜入冬子
発行所　株式会社　筑摩書房
東京都台東区蔵前二-五-三　郵便番号一一一-八七五五
電話番号〇三-五六八七-二六〇一（代表）
装幀者　間村俊一
印刷・製本　三松堂印刷　株式会社

ISBN978-4-480-06627-5 C0210

ちくま新書

008 ニーチェ入門　竹田青嗣
新たな価値をつかみなおすために、今こそ読まれるべき思想家ニーチェ。現代の我々をも震撼させる哲人の核心に大胆果敢に迫り、明快に説く刺激的な入門書。

020 ウィトゲンシュタイン入門　永井均
天才哲学者が生涯を賭けて問いつづけた「語りえないもの」とは何か。写像・文法・言語ゲームと展開する特異な思想に迫り、哲学することの妙技と魅力を伝える。

029 カント入門　石川文康
哲学史上不朽の遺産『純粋理性批判』を中心に、その哲学の核心を平明に読み解くとともに、哲学者の内面のドラマに迫り、現代に甦る生き生きとしたカント像を描く。

071 フーコー入門　中山元
絶対的な〈真理〉という〈権力〉の鎖を解きはなち、〈別の仕方〉で考えることの可能性を提起した哲学者、フーコー。一貫した思考の歩みを明快に描きだす新鮮な入門書。

533 マルクス入門　今村仁司
社会主義国家が崩壊し、マルクス主義が後退した今、マルクスを読みなおす意義は何か？　既存のマルクス像からはじめて自由になり、新しい可能性を見出す入門書。

589 デカルト入門　小林道夫
デカルトはなぜ近代哲学の父と呼ばれるのか？　行動人としての生涯と認識論・形而上学から自然学・宇宙論におよぶ壮大な知の体系を、現代の視座から解き明かす。

776 ドゥルーズ入門　檜垣立哉
没後十年以上を経てますます注視されるドゥルーズ。哲学史的な文脈と思想的変遷を踏まえ、その豊かなイマージュと論理を読む。来るべき思想の羅針盤となる一冊。